価値を生み出す
組織に変わる
対話の技術

熊平美香
Kumahira Mika

ダイアローグ
DIALOGUE

Discover

はじめに

みなさんは、対話という言葉にどのようなイメージを持っていますか？

上司と部下の1on1のコミュニケーションでしょうか。仲間と一緒に深く話し合うことでしょうか。それとも、ワークショップで見られるような、参加者が輪になって話すイメージでしょうか。

「対話の場は、自分の話を聴いてくれる他者がいて、自分は安心して思ったことを話すことができる」、そんなポジティブなイメージを持つ人もいると思います。

しかし、ポジティブなイメージがある反面、実際にやってみるとうまくいかないことも多いのではないでしょうか。

相手に寄り添ったつもりが、相手の意見を押し通されてしまう。正直なフィードバックをしたつもりでも、相手の感情を害してしまう。何だか議論がかみ合わない……。

このような体験になってしまうこともあり、日々の仕事や生活の中で、「これは良い対話だった」と納得できるのは、思いのほか少ないように思います。

対話は様々な目的やシーンで用いられますが、本書では、**新たな価値や解決策などを生み出す「創造活動」の手段としての対話**の実践方法を紹介します。

例えば、イノベーションのために多様性を尊重したいと思っているのに、会議ではその分アイディアが拡散して話し合いを収束することができず、結局、多様な意見を活かす道筋が見えない。

または、チーム一丸となるためにビジョンも準備し、「さあやるぞ！」と張り切ってスタートしたのに、時間の経過とともにメンバーに温度差が生まれ、始めた頃の勢いが感じられない。どうすれば、チームの心を一つにできるのかがわからない。

もしみなさんに、このような経験があれば、本書で紹介する対話の実践方法が役に立ちます。

本書で紹介する対話は、4種類ある「話し方と聴き方」（図0―01）の1つです。

1つ目は、ダウンロードです。ダウンロードは、講義やセミナーを聴いている状態で、コミュニケーションは一方向です。

2つ目は、ディベートです。ディベートは、お互いが相手を説得するために主張します。

3つ目が、対話です。対話では、自分の考えについてリフレクション（内省）を行い、傾聴を通して相手の世界を想像し、共感することができるので、ディベートとは異なり、**相互に学び合う機会**になります。

4つ目は、共創です。共創は、**対話を行うことでお互いから学び合い、一緒に考えることで新しい何かを生成する**ことが可能になります。

図0-01 話し方と聴き方

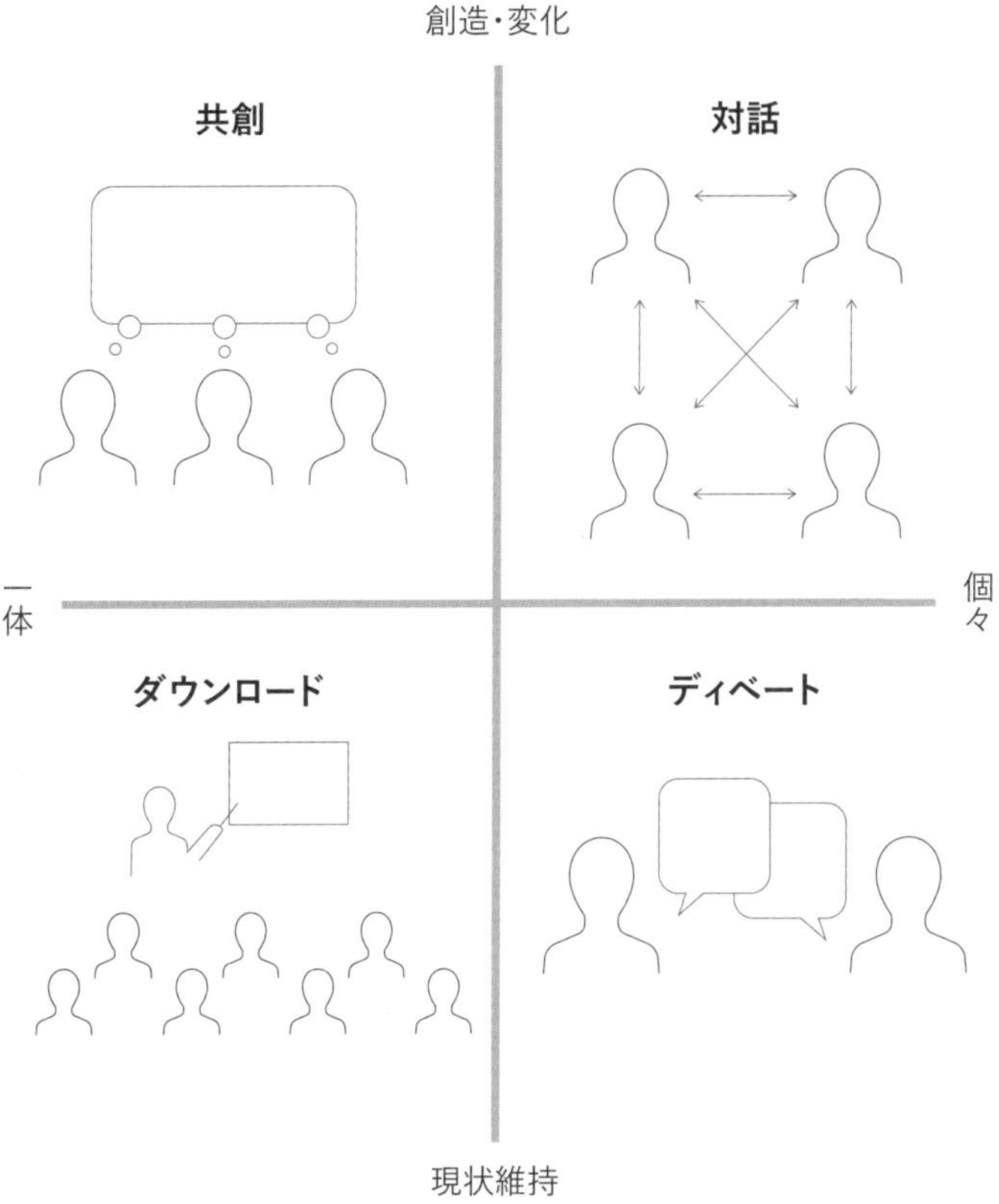

アダム・カヘン氏によるチェンジラボワークショップスライドを参考に作成

POINT
対話と共創が未来の変化を生み出す

手本や正解があり、過去を踏襲することで成果を出すことができた時代には、ダウンロードやディベートが有益でした。しかし、前例のない時代には、新しい何かを生み出すために、対話と共創が役立ちます。

最近では、ビジネスの世界でも、社会問題の解決に注目が集まっています。社会問題の解決には、コ・クリエーション（共創）という言葉を用いることが多くあります。多様な利害関係者や専門分野の人々が共創する場にも、対話は欠かせません。

学校教育でも、これからの世界で子どもたちが幸せに生きるために、「主体的・対話的な深い学び」の授業が始まっています。

変化が激しく問題が複雑に絡み合った現代は、一人の人間が既知の知識やものの見方を使って答えが出せるほど簡単な時代ではありません。実際、仕事をするなかで従来のやり方では行き詰まりを感じている方も少なくないでしょう。

これまでのものの見方、これまでの常識、これまでの成功体験が通用しなくなった今、かつてないほど対話の果たす役割は大きくなっています。

本書の読み進め方

本書では、相手の話を傾聴し、良好な人間関係や深い相互理解につながる対話の実践を更に発展させ、みんなで対立を乗り越え、学び、問題を解決し、新しい何かを生み出す活動に欠かせない、対話の基礎力とその実践方法を紹介します。

第1章は、対話の基礎力がテーマです。対話に参加する全ての個人に習得してほしい対話の5つの基礎力と、その実践方法を紹介します。第1章で紹介する対話の基礎力は、第2章以降の全ての実践方法の土台になります。

第2章は、チームにおける対話の活用がテーマです。ありたい姿と現状のギャップを埋めるために、メンバー一人ひとりが主体的に学び続ける強いチームを実現するために、対話をどのように実践すればよいかを紹介します。

第3章のテーマは、多様性です。多様性は、対話に欠かせない大切なピースです。一方で、多様性は対話を難しくする要因でもあります。そこで、対話における多様性の価値とはどのようなものなのか、その価値を最大化するために対話をどのように実践すればよいのかを紹介します。

第4章では、新しい価値や解決策を生み出す活動のための対話を取り扱います。チームで新しい価値を創造する際に必要になる対話の活用方法と、デザイン思考に対話の基礎力を役立てる方法を紹介します。

第5章は、問題解決がテーマです。シンプルな問題ではなく厄介な問題を解決する際に、対話をどのように役立てればよいのか、システム思考のアプローチに沿って紹介します。

アフリカに、「早く行くなら一人で行け、遠くに行くならみんなで行け」ということわざがあります。大きな変化、大きな価値を生み出すために、自分だけの視点で物事を捉えず、対話という素晴らしい手段を使って、他者の視点を融合させていきましょう。

対話を手にした先にはどのような未来が待っているのか、ワクワクしながら本書を読み進めていただきたいと思います。

熊平美香

もくじ

第1章 対話のスキル

第2章 共創するチームの対話

第3章

多様性を価値に変える対話

第4章

創造性を高める対話

第5章 厄介な問題解決のための対話

購入特典　オリジナルフレームワーク

本書で紹介するメソッドを実践できるフレームワーク（Power Point/PDF）を、下記の二次元バーコードからダウンロードできます。本書とともにぜひご活用ください。

- **URL**
  https://d21.co.jp/special/dialogue
- **ログインID**　discover2908
- **パスワード**　dialogue

第1章

対話のスキル

対話こそが卓越した成果を生む

あなたにとって、対話とはどのような行為でしょうか。理想の対話とはどのようなものでしょうか。対話の場では、何を心がけているでしょうか。

一般的にイメージされる理想的な対話は、次のようなものかもしれません。

- 誰もが安心して思いや考えを話すことができる
- お互いから学び合うことができる
- 深く考える機会になる

対話の場では、意見の正しさを競うのではなく、他者の考えや思いを聴き取ることを大切にします。このため、誰もが安心して、自分の意見を話すことができます。

本書では、この相互理解や信頼関係の構築に役立つ対話を更に発展させて、新しいアイディアを考えたり、問題解決したりするための、いわば未来の成果を生み出すための「対話の基礎力」と「実践方法」を紹介します。

対話は、「ありたい未来を自分たちの手で創り出す行為」に欠かせない手段です。なぜなら、どれほど有能な人でも、一人で世の中を変えることは難しく、自分と異なる専門性を持つ人や、違う強みを持つ人と協働することこそが、大きな成果につながるからです。

本章で紹介する対話の基礎力は、企業において新しい戦略立案が必要なときや、多様な専門性を持つ人たちで問題解決を行うとき、デジタルの力を活かしてチームでイノベーションを起こすとき、地域創生のように多様な関係者が一緒になって社会を変えていくときなど、一人では成し遂げられない「何か」を、「自分以外の誰かと一緒に実現する」シーンで、大きな威力を発揮します。

本書では、この対話の基礎力を5つに分類します。

■メタ認知
■評価判断の保留
■傾聴
■学習と変容
■リアルタイム・リフレクション（内省、振り返り）

この5つの基礎力を身につけることで、成果を生み出すための対話を効果的に実践できるようになります。具体的には、次のような変化があるでしょう。

■たくさん意見を出し合い、新しいアイディアに昇華できる
■バラバラな意見を、一つにまとめ上げられる
■意見の対立を歓迎できる

- 過去の成功体験を手放し、他者の視点から学ぶことができる
- 発想の転換がしやすくなり、一人ひとりの問題解決力を高められる

対話の成果は、一人では決して生み出すことができないアイディアが生まれることです。そのため、自分一人が対話の基礎力を習得するだけでは足りません。**周囲の人たちと共に対話力を磨き、「ありたい未来を自分たちの手で創り出す」対話を実践していきましょう。**

この章では、未来の成果を生み出す対話の特徴と、そのために必要な対話の5つの基礎力について解説していきます。

さあ、本音を語り合える対話に満足するのではなく、新たな価値を生み出す対話に挑戦していきましょう。

対話の特徴とは

対話の基礎力の解説の前に、まずは対話の特徴について押さえておきましょう。対話の特徴を理解する際に最もわかりやすいのが、ディベートとの対比です。

ディベートの特徴

- 主張は変えない
- 主張の正当性を証明する

対話の特徴

- 主張は変わる

■主張を傾聴し、相互学習する

ディベートでは、自分の主張を変えることはありません。ディベートは、自分の主張の正しさを証明したり、相手を説得したりすることが目的だからです。

例えば、移民政策に関するディベートであれば、賛成派と反対派が、自分の政策がなぜ相手よりも優れているのか、なぜ相手が間違っているのかを訴えかけることになります。焦点は「どちらが正しいのか」、そして「相手を説得できるのか」です。

一方で対話は、自分の主張を変える、あるいは、自分の主張が変わることを前提にしています。この出発点の違いが、ディベートと対話の過程と結果が異なる理由です。

先ほどの例であれば、賛成派と反対派は、お互いの意見を聴くところから対話のプロセスを始めます。相手の意見の不備を指摘するのではなく、「なぜ相手はそう思うのだろう」と好奇心を持って探求します。そして、お互いに疑問点を投げかけることで、それまで浮かび上がらなかった細かいニュアンスや新たな視点を互いに吸収します。

対話の目的は、相手を打ち負かすことでも説得することでもなく、賛成・反対両派が知恵を絞って、ベストな答えを見つけ出すことです。

対話に参加するメンバーは、傾聴と相互学習を重んじます。そのため、意見を変える、あるいは、意見が変わることは、とても自然なことだと考えます。誰もが自分の主張に縛られずに、柔軟に考えることで、新しいアイディアを共に生み出しやすくなります。

ディベートと対話では、結論の幅にも違いが生まれます。

ディベートでは、主張を論理的に説明し、勝ち負けが決まります。つまり、結論はいずれかの主張の選択になります。意見Aと意見Bのディベートの結論は、意見Aか意見Bの選択です。

対話では、主張と同時に、傾聴と相互学習に重きが置かれるので、お互いの主張に変化が起き、時には、新しいアイディアが生まれることもあります。意見Aと意見Bの対話の結果、意見Cや意見Dになることもあるのです。

図1-01 ディベートと対話の違い

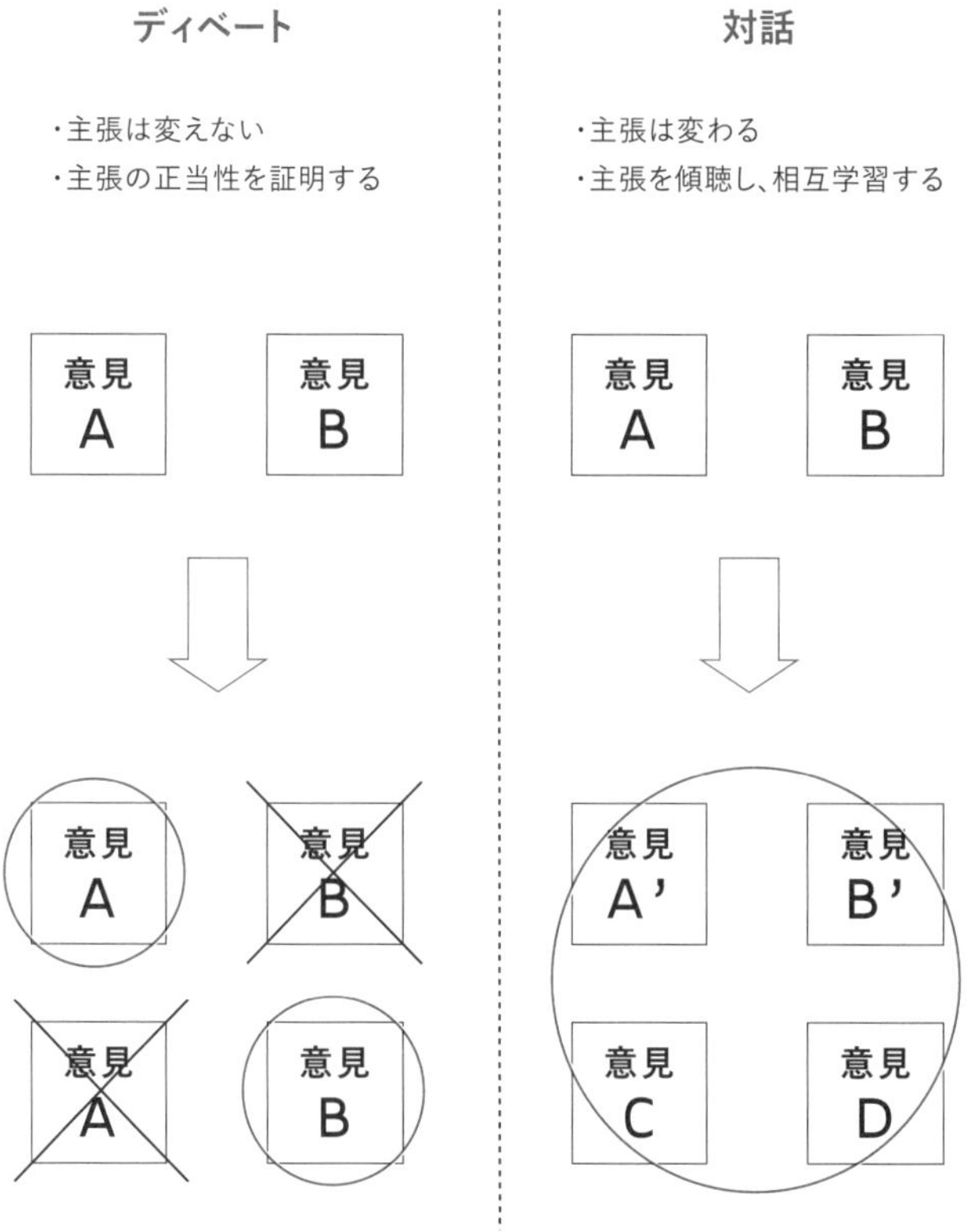

POINT 対話ではお互いの主張に変化が起き、新しいアイディアにつながる

もちろん、対話をしても、意見が変わらないことはあります。それでも、多様な意見を聴いたことによって、自分の意見に対する違うものの見方があることを知ったり、自分の考えに確信を持つ機会になったりします。

意見自体は変わらなくても、対話を経たことで、意見の根拠や背景に何か新しいものが加わっているはずです。

驚きと違和感は新たな発見の機会

また、ディベートと対話では、驚きや違和感といった感情に対する反応にも、大きな違いがあります。

自分の主張を通すことに主眼を置くディベートでは、驚きや違和感を覚える意見は、潰すべきもの、否定すべきものです。

一方、相互学習を目的とする対話では、驚きや違和感を自らの境界線を超えるチャンスと捉えます。

驚きや違和感は、自分が経験したことのない「何か」、あるいは自分の常識の枠の外にある「何か」と遭遇したときに起きる、感情の反応です。

このため対話では、驚きや違和感との出会いを、自分の知らない何かを発見する機会であると捉えます。

固定観念に縛られることなく自由な発想で考えることを、アウトオブボックス思考(図1－02)と言います。これは、戦略立案や問題解決に欠かせない思考法です。

しかし、自分一人では、固定観念に気づくのも、別の角度から物事を捉えるのも、簡単なことではありません。

対話を通して驚きや違和感を覚える意見に出会うことで、自分の固定観念の存在に簡単に気づくことができ、他者の意見とその背景に耳を傾けることで、異なる視点から物事を捉えることも可能になるのです。

驚きや違和感は、自分の固定観念では考え難い「何か」に出会うための「扉」です。「扉」の先には、自分の知らない世界があります。

自分の固定観念に気づくために欠かせないのが、**メンタルモデル**に対する理解です。

メンタルモデルとは、マサチューセッツ工科大学のピーター・センゲ氏が提唱する「学習する組織論」で紹介されている、私たちが物事を捉える際の前提です。メンタルモデルは、**過去の経験を通して形成され、レンズのような働きをします。**

私たちが何かを捉えるときには、必ず、過去の経験を通して形成されたメンタルモデルを活用しています。何かを見たり聴いたりするときや、何かを考えるときにも、メンタルモデルを使っています。

しかし、多くの人はこの行為を無意識に行っていて、自分のメンタルモデルを「正しく」は理解していません。これは、実はとても危険なことです。

学習する組織論では、私たちが無意識に活用しているメンタルモデルに注意を払い、自分の内側を見つめる重要性を提唱しています。

私たちが無意識に活用しているメンタルモデルは、どのように形成されるのか、アメリカの教育学習クリス・アージリス氏が提唱する「推論の梯子（図1－03）」を使っ

図1-02 アウトオブボックス思考

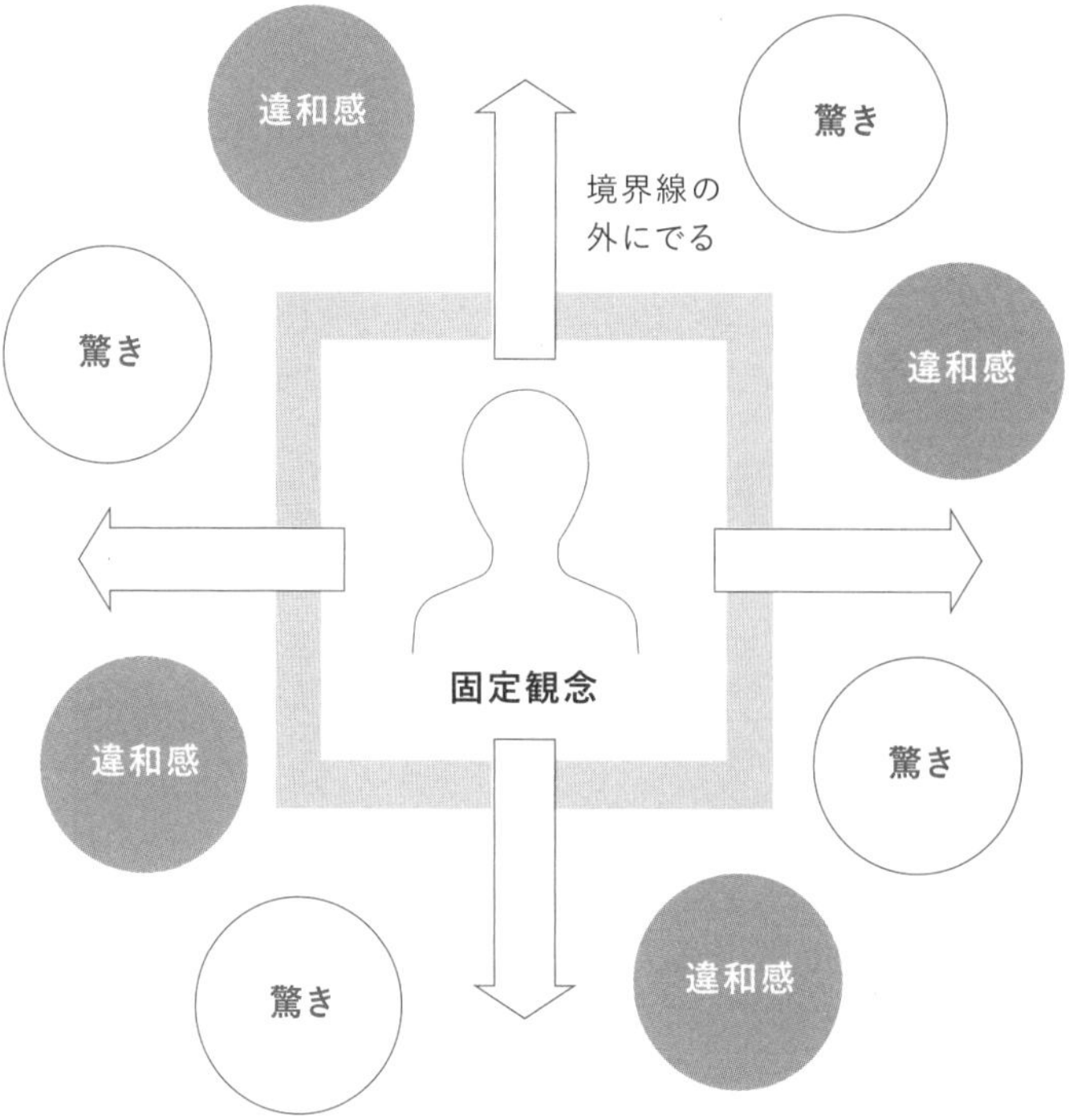

POINT 驚きや違和感は、自分の常識の枠の外にある
「何か」を発見する扉である

て説明します。

私たちが特定の事実を知覚するとき、知覚した事実をどのように捉えるのか（判断）は、過去の経験や知識によって形成されたものの見方に依存します。

例えば、「犬に遭遇する」という経験をしたとき、その事実に対する判断は一人ひとりのメンタルモデル、つまり過去の経験や知識によって形成されたものの見方によって変わるのです。


小さい頃から犬を飼っていて、犬をかわいがった経験を持つ人の多くは、「犬は自分を癒やしてくれる存在である」というメンタルモデルを形成します。このようなメンタルモデルを持つ人が犬に出会うと、犬に近づき、かわいがりたくなります。

逆に、小さい頃に犬に吠えられたり、追いかけられたりした経験を持つ人の多くは、「犬は危険な存在である」というメンタルモデルを形成します。このようなメンタルモデルを持つ人が犬に遭遇すると、犬から遠ざかろうとします。

このように、メンタルモデルは経験を通して形成され、物事を捉える際のレンズの役割を果たします。このため、同じ犬に遭遇しても、2人はその犬にそれぞれ異なる意味づけを行います。

では、メンタルモデルと驚きや違和感には、どのような関係があるのでしょうか。

私たちは、メンタルモデルを通して、世の中の人や物事を捉えます。このため、私たちは、自分の経験を通して形成されたメンタルモデルに当てはまらない何かに遭遇したとき、驚きや違和感を覚

図1-03 推論の梯子

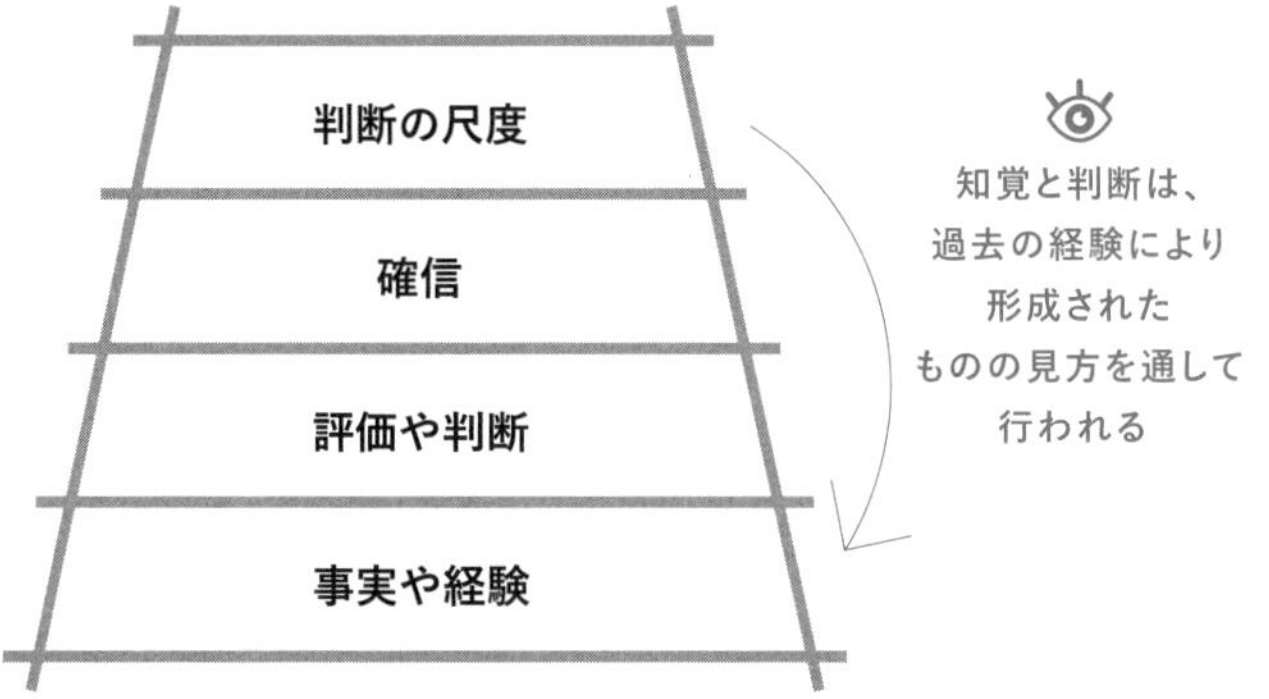
判断の尺度
確信
評価や判断
事実や経験
知覚と判断は、
過去の経験により
形成された
ものの見方を通して
行われる

参考:『フィールドブック　学習する組織「5つの能力」　企業変革をチームで進める最強ツール』(日本経済新聞出版刊)

えます。この感情の反応は、自分の経験に当てはめて解釈することができない「何か」との出会いを知らせるシグナルです。

自分と正反対の意見に遭遇すると、不快に感じてしまうことがあると思います。これは、人間として自然なことです。真逆の意見は、自分のメンタルモデルでは最も考え難いことだからです。また、自分の主張が否定されたような気持ちになるため、その存在自体を否定したくなります。

しかし、新しい価値を生み出すための対話では、自分とは真逆の意見に遭遇したときにも、傾聴と相互学習を行うことが必要です。

相手の世界を覗いてみることで、それまでの自分のメンタルモデルでは理解できない、境界線の外にある世界から、新しいことを学びます。そして、対話を通して、新しいメンタルモデルを形成していきます。

価値創造のための対話では、驚きや違和感は不都合なものではなく、歓迎すべきものなのです。自分の境界線の内側の世界でばかり考えていても、新しいものを生み出すことは難しいと感じている人も、多いのではないでしょうか。

意見の対立を避けたい思いもあるかもしれません。しかし、心配は無用です。

これから紹介する対話の5つの基礎力を身につければ、対立する意見に遭遇しても、自分の感情をコントロールして、相手の世界を覗いてみることができるようになります。

対話の5つの基礎力

ここからは、価値を生み出す対話を行うために必要な、対話の5つの基礎力について解説していきます。「まずはやってみる」ことが大事なので、ぜひ実践の場をイメージしながら読み進めてみてください。

20ページでも書いた通り、対話の基礎力は、メタ認知、評価判断の保留、傾聴、学習と変容、リアルタイム・リフレクションの5つに分けられます。

これらは一つひとつ個別に習得するものではなく、メタ認知を中心に広がるように身につけていくものだと考えてください。

図1-04 5つの基本メソッド

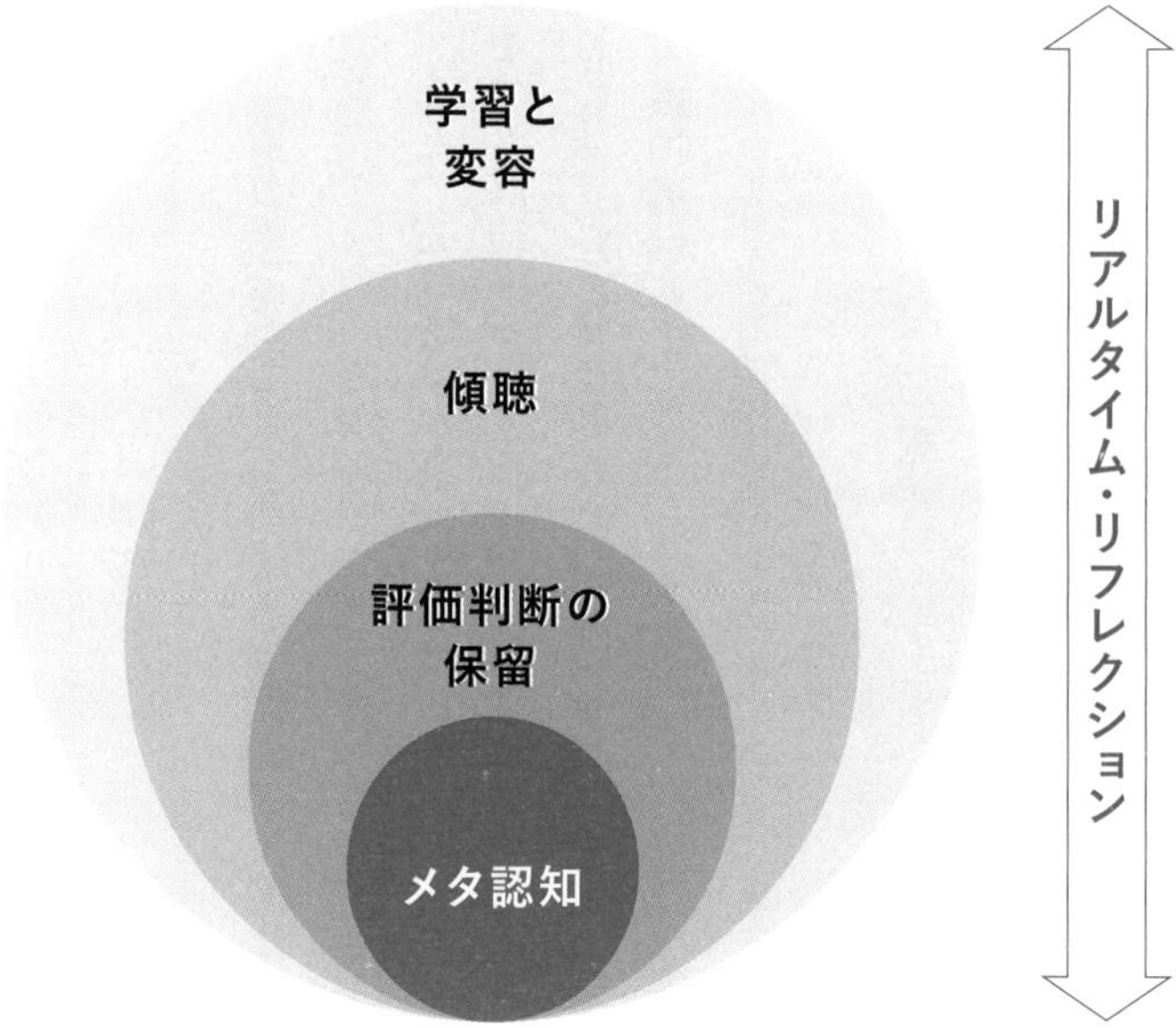

POINT
5つの基礎力を身につけることで、
成果を生み出すための対話を効果的に行える

5つの基礎力について、簡単に説明します。

▼1　メタ認知

メタ認知とは、自分が認知していることを俯瞰して認知することです。自分の考えがどこからやってきたのか、**リフレクションを通して、意見の背景にあるメンタルモデルを理解し、自己の内面をメタ認知します。**

自己の内面をメタ認知することは、対話の基礎力の要です。他の4つの実践が難しいと感じる人は、まずはメタ認知だけに焦点を当ててもよいです。

メタ認知の実践に慣れることで、残りの4つの対話の基礎力も身についていきます。逆に、メンタルモデルを俯瞰することができないと、残りの基礎力を実践することが難しくなります。

自分の考えを当たり前だと思わずに、「なぜ私はそう思うのか」を自分に尋ねる習慣を持ちましょう。

▼2　評価判断の保留

価値のある対話をするためには、自分の意見を持っていたとしても、その意見を横に置き、**他者の意見に耳を傾ける、つまり評価判断を保留にする必要があります。**

自分の意見に固執した状態で対話をしても、ただ忍耐力が磨かれるだけで、創造性は高まりません。評価判断を保留にしてこそ、多様な意見に学ぶことができます。

評価判断を保留にするためには、自分の内面を俯瞰し、自分と自分の考えを切り離すことが必要になるので、ここでも先ほど挙げた「メタ認知」ができていることが重要になります。

もし「そんな考えは間違っている」と決めつけながら他者の話を聴いている自分に気づいたら、すぐに「評価判断の保留」を意識し、自分を制御してください。

3 傾聴

メタ認知と評価判断の保留では、自らのメンタルモデルに意識を向けていましたが、傾聴では、**他者のメンタルモデルに意識を向けます。**

他者の考えがどこからやってきたのか、相手はどのような価値観やものの見方を判断の尺度に用いているのか、他者の意見の背景にあるメンタルモデルを理解します。

自分の内面をメタ認知するように、相手の内面を理解することができると、相手に共感することも可能になります。

ただし、傾聴し、相手の内面を理解しても、賛成する必要はありません。相手の世界を、相手の感情も含めて正しく知ればよいのです。

4 学習と変容

対話を通して何を学んだのか、自分の考えにどのような変化が起きたのかを明らかにするのも、大切な対話の基礎力です。

対話は、「他者の見ている世界を知る」という学びの場であると同時に、「自分を知る」機会でもあります。対話における学習と変容は、「想像」「共感」「変容」の3ステップで行います。その結果、対話を通して新しいものの見方を手に入れることができます。

学習と変容は、対話の大切な成果物です。しかし、学習と変容は、自己の内面に起きることなので、意識を向けないと自覚できません。ぜひ、リフレクションを通して、学習と変容をメタ認知することも、忘れないでください。

▼5　リアルタイム・リフレクション

自分の内面に起きていることをリアルタイムにリフレクション（内省、振り返り）することで、対話からより多くのことを学ぶことが可能になります。

対話の5つの基礎力は、一つずつ順番に行うものではなく、複数の実践を同時に走らせることになります。このため、**リアルタイム・リフレクションを通して、自分の内面に起きていることをメタ認知すること**が欠かせません。

対話の持つ潜在的な可能性が開花するのは、多くの場合、驚きや違和感といった多様なものの見方に遭遇したときです。

ところが、油断をしていると、驚きや違和感につながる意見や発言者に対してネガティブな感情が生じ、評価判断をしてしまう可能性が高いです。感情が動くのは人間として自然なことですが、対話を続けたいのなら、評価判断をしている自分にすぐに気づき、評価判断を保留にする習慣を持つことが大切になります。

一人で考えることには限界がある

チームで考えると、一人で考えるより生産性が下がると感じる人も多いと思います。知識の豊富な人ほど、その傾向が強いです。しかしそれは、あくまでも過去の知識の蓄積を土台とした考えであり、前例のない発想ではありません。

あなたがエジソンのような発明家でないのなら、独創的なアイディアが、一人の頭から生まれる可能性は低いと考えるほうが賢明です。

対話は、他者の頭を使う手段です。他者と一緒に考えることで、自分一人では思いつかない新しい発想に出会えます。そのような成功体験を、多くの人に持ってほしいです。

次のページからは、この5つの基礎力を実践する方法を紹介していきます。

対話の基礎力1　メタ認知

対話の基礎力の1つ目は、**自分の考えがどこからやってきたのかを自分に問いかけ、自己の内面を俯瞰し、メタ認知すること**です。

対話では、「なぜそう考えるのか」という問いの答えを、自分の外にある事実ではなく、自分の内側にあるメンタルモデルに求めます。意見の背景には、根拠となる「過去の経験を通して形成されたものの見方（メンタルモデル）」が必ず存在するからです。そこで、自分の内面を客観的・批判的に振り返るリフレクションが必要になります。批判的とは、多面的多角的に捉えることを意味します。

リフレクションを行う際に欠かせないのが、自著『リフレクション』（ディスカヴァー）で、紹介しているフレームワーク「**認知の4点セット**」です。

認知の4点セットは、「意見」「経験」「感情」「価値観」です。自分の意見の背景に、どのような経験や感情、価値観が存在しているのかを知ることで、自分の内面をメタ認知することができます。

ここからは、認知の4点セットを使う事例を通して、自分の考えを俯瞰し、メタ認知する方法を確認しましょう。

30ページでは、メンタルモデルの事例として、犬が好きな人と犬が苦手な人のメンタルモデルを紹介しました。

この事例を、認知の4点セットに当てはめてみましょう。

事例

犬が好きな人の認知の4点セット

意見　犬が好き

経験　小さい頃から犬を飼っていた。犬と一緒に昼寝をしたり、遊んだりして、た

図1-05 **認知の4点セットのフレームワーク**

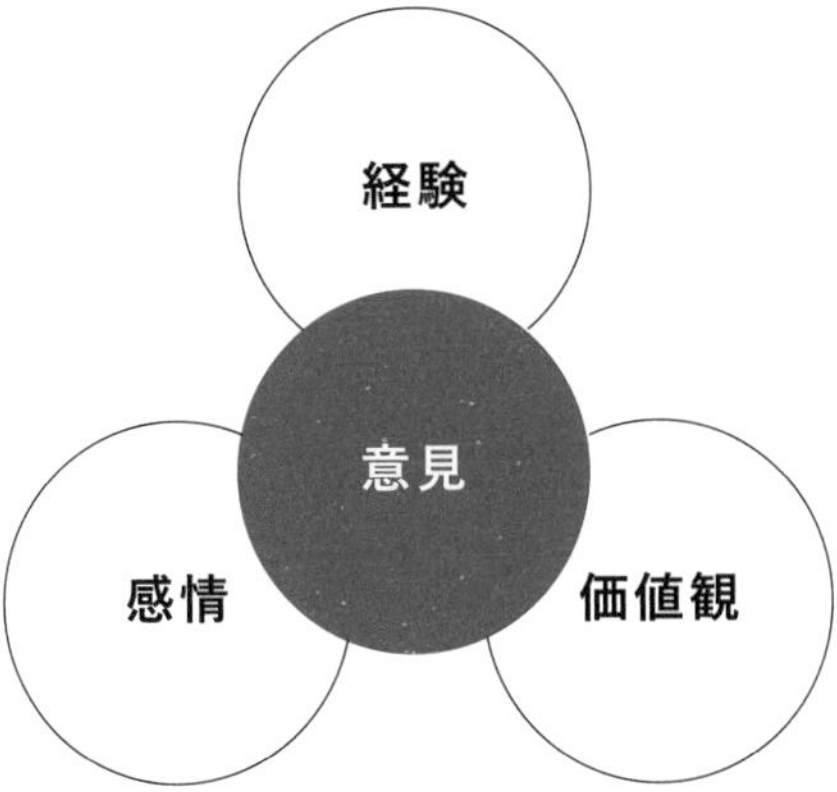

意見は過去の経験、感情、価値観から形成されている

意見	**あなたの意見は何ですか?**
経験	**その意見の背景には、どのような経験や経験を通して知っていることがありますか?** 経験には、本で読んだことや、人から聞いた話も含まれます。
感情	**その経験には、どのような感情が紐づいていますか?** 経験の記憶は、感情の記憶でもあります。 大きくは、ポジティブな感情かネガティブな感情の2種類です。
価値観	**意見、経験、感情を俯瞰して、あなたが大切にしていることが何かを明らかにしましょう。** 大切な価値観、判断の尺度、こだわり、ものの見方などです。

くさんの思い出がある。

感情　愛情、癒やし、幸せ

価値観　犬は癒やしの存在

事例 ▼ **犬が苦手な人の認知の4点セット**

意見　犬は苦手

経験　小さな頃、突然犬に吠えられて噛みつかれそうになった経験がある。自分と同じくらいの背丈の犬だったので、本当に怖かった。

感情　恐怖

価値観　犬は危険な存在

このように、認知の4点セットを活用すると、自分の意見がどこからやってきたのかを、簡単に言語化することができます。

自分の「意見」がどのような経験、感情、価値観に基づくものなのかを知ること

図1-06 認知の4点セット（犬の事例）

犬を見たときの認知

	Aさんの認知の枠	Bさんの認知の枠
意見	犬が好き	犬が苦手
経験	小さな頃から 犬を飼っていて、 たくさんの思い出がある	大きな犬に吠えられて 噛みつかれそうに なったことがある
感情	愛情、癒し、幸せ	恐怖
価値観	犬は 癒しの存在	犬は 危険な存在

POINT
同じ犬を見ても、
犬に対する認知は人によって異なる

で、対話がより深いものになっていきます。「なぜそう考えるのか」と自分に問いかけ、認知の4点セットで自己の内面を俯瞰し、メタ認知する習慣を身につけていきましょう。

リフレクションのための基本的な問いは次の通りです。

▼リフレクションの問い

意見　どのような意見を持っていますか？
経験　その意見の背景には、どのような経験がありますか？
感情　その経験には、どのような感情が紐づいていますか？
価値観　その意見の背景には、どのような価値観やものの見方がありますか？

このあとの「傾聴」に関する項目で詳しくお伝えしますが、対話では、自分の内面をメタ認知すると同時に、他者の内面を理解することも期待されます。そのために、まずは自分自身の内面をメタ認知することから始めましょう。

実践方法

メタ認知

あなたは、対話についてどのような意見を持っていますか。認知の4点セットを活用し、自己のメンタルモデルをメタ認知してみましょう。

事例

対話についての意見

意見
誰もが対話の基礎力を持っていることが、対話の価値を高めるために大切だ。みんなが対話の基礎力を持っていると、意義深い対話を行うことが可能になる。一方、一人でもディベートモードで参加する人がいると、その人の意に反する意見が攻撃の的となり、誰もが多様な意見を出すことに価値を見出せなくなる。この状態になると、対話の場にいることにストレスを感じてしまう。

経験

感情
（みんなが対話の基礎力を持っているとき）喜び、（対話の破壊者が居るとき）残念

価値観
対話の基礎力の実践

自分の意見を俯瞰することは、意見を相手にわかりやすく伝えるためにも、他者の意見を受け止めるためにも、重要な役割を果たします。

一人ひとりのメンタルモデルが異なるからこそ、多様な意見が生まれます。同時に、メンタルモデルの違いが、対立を生む原因にもなります。**リフレクションを通して自己の内面をメタ認知することで初めて、多様な意見を理解するマインドが整います。**

図1-07 メタ認知

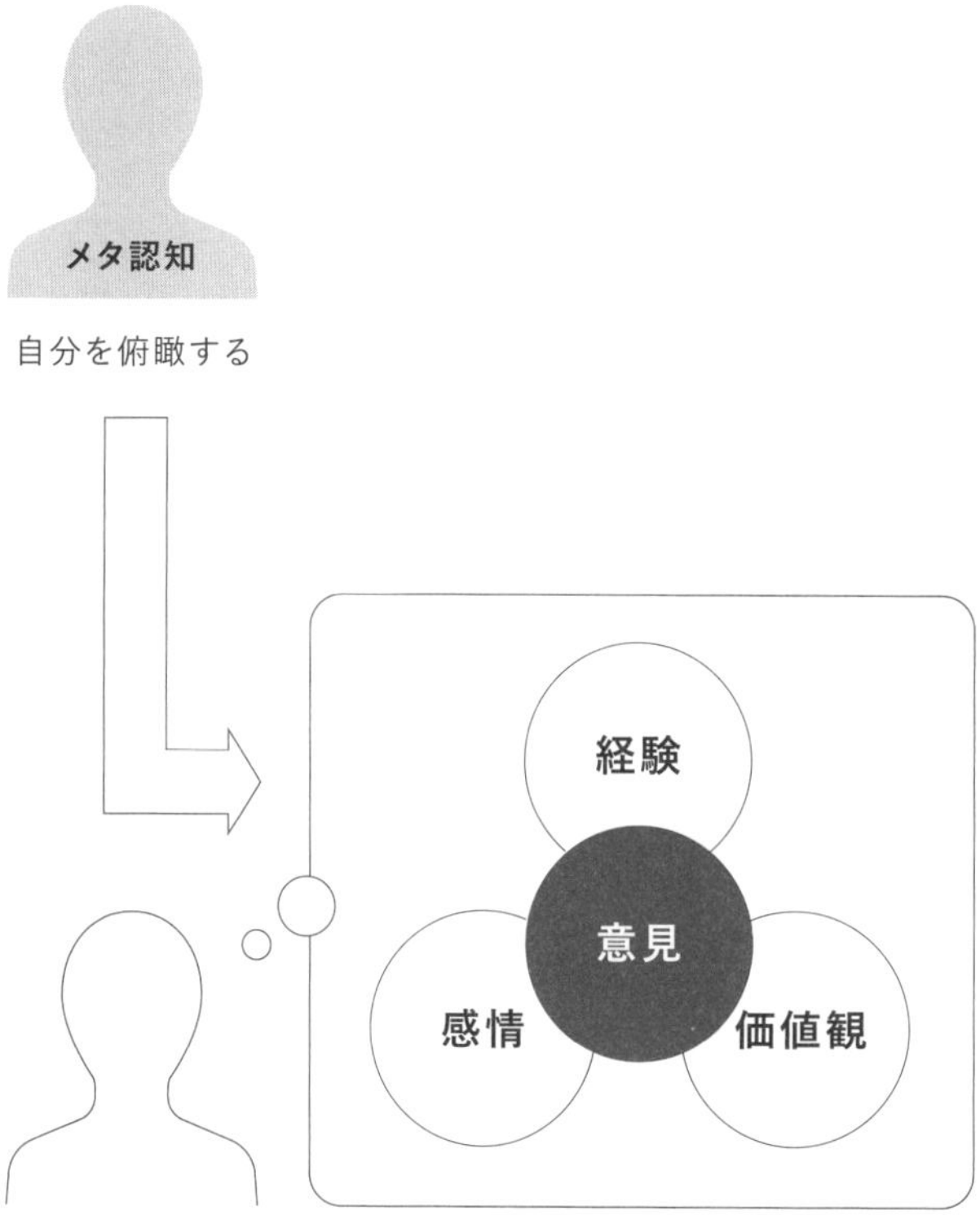

POINT
自分の考えがどこからやってきたのか、
リフレクションを通して自分の内面を俯瞰し、
メタ認知する

対話の基礎力2　評価判断の保留

対話の基礎力の2つ目は、評価判断を保留にすることです。

「評価判断の保留」とは、自分と自分の意見を切り離し、中立の立場で対話に臨む姿勢のことを言います。自分と異なる意見に対しても、ネガティブな感情を抱かずに、中立の立場で対話に臨みます。

ディベートは、自分の評価判断を示し、その立ち位置から主張を繰り広げることに価値を置きますが、対話では評価判断を保留にすることに価値があります。

そのために必要なのは、リフレクションを通して、「自分」と「自分の考え」を切り離すことです。評価判断を保留にすることができないと、複眼的な視点を持つことができず、異なる意見やものの見方から学ぶことができません。

有能なリーダーの多くは、結論を早く出すことを大事にしています。このため、評価判断を保留にすることに、苛立ちを覚えるかもしれません。しかし、対話の醍醐味は多様な意見を融合させて新しい何かを生み出すことなので、産みの苦しみと捉えましょう。

また、評価判断を保留にしない状態で、相手の話に耳を傾けても、多様な意見から学ぶことはできないので、対話の時間が無駄になってしまいます。対話の席に座ると決めたら、評価判断を保留にするスイッチをオンにして参加することが賢明です。

前例のない時代には、瞬時に結論づけられるアイディアは、あまり役に立ちません。すぐに思いつく時点で、それは過去の延長線にあるアイディアだからです。また、今日では問題がより複雑化し、即決することが以前より難しくなっているはずです。対話を通して鍛えられる複眼的な視点と思考の柔軟性は、複雑に絡み合う問題解決を行う際にも、役立つ資質と言えます。

実践方法　評価判断の保留

評価判断の保留は、２つのステップで行います。

1 リフレクションによる自己の内面のメタ認知

2 評価判断の保留

ここからは、「本のない図書館を作りたい」という意見に対して、自分は「本のない図書館などありえない」と考えている場合を例にとり、評価判断の保留について解説します。

評価判断を保留にしない場合と、評価判断を保留にする場合で、どのような違いが起きるでしょうか。

事例

評価判断を保留にしない場合

「本のない図書館などありえない」という意見を変更する意思を持たず、相手の意見を聞く。相手の意見を聞いても、自分の判断を変えることはない。

対話を経ても、自分の意見は変わらず、何かを学んだという実感もありません。「おかしなことを考える人も居るものだ」と相手を評し、この経験を封印します。

事例

評価判断を保留にする場合

ステップ1　リフレクションによる自己の内面のメタ認知

「本のない図書館を作りたい」という意見は、自分にはない考えです。それは、自分のメンタルモデルでは理解できない「何か」に遭遇したことを意味します。

そこで、本のない図書館はありえないと考えている自分に、「なぜ、私はそう考えるのか」を問いかけます。

意見　本のない図書館はありえない。

経験　地域と学校の図書館のお世話になった。図書館で時間を過ごせば、新しい本との出会いがある。図書館で、子どもたちの読書を支援する活動にも参加した経験もある。

感情（図書館の思い出）ワクワク、驚き、楽しい

価値観　新しい知識を持つ、知らない世界と出会う

これらの経験や思い出からわかるように、本は自分にとってかけがえのない存在なので、本が図書館から消えることを受け入れることができません。

▼ステップ2　評価判断の保留

評価判断の保留は、自分の意見を捨てることでも、変えることでもありません。しかし、「本のない図書館などありえない」という、相手の意見に対するネガティブな感情をコントロールする必要があります。このネガティブな感情が、相手の意見を否定する行為につながってしまうからです。

リフレクションを通して自己の内面をメタ認知し、相手の意見が、「自分が大切にしている何を脅かしているのか」を理解することができると、感情をコントロールすることが容易になります。

自己の内面をメタ認知することで、「自分の意見」と「自分」を切り離すことができるからです。その結果、ネガティブな感情も手放すことができます。

「自分では決して思いつかないこのアイディアが、どこからやってきたのか尋ねてみよう」と、相手の話を傾聴する姿勢が整えば、評価判断の保留ができている状態です。

評価判断の保留は、あくまでも、傾聴のための手段です。自分の意見を永遠に手放すことを求めるものではありません。傾聴を終えたら、再び、自分の意見に立ち戻ることができます。

傾聴の過程で自分の大切にしていることが否定されると、ネガティブな感情が現れることもあります。それは、とても自然なことです。

大切なのは、そのときに評価判断をしている自分に気づき、再び評価判断を保留にすることです。「ネガティブな感情のまま相手の話を聴くと、傾聴の時間対効果は下がる」と自分に言い聞かせ、評価判断の保留に取り組みましょう。

多様な意見の背景には、自分が全く想像していなかったような経験やものの見方が存在します。**驚きや違和感と出会う対話は、学びの宝庫です。**そして、**独創的なアイディアを生み出す原動力にもなります。**

自分の知らない世界を旅するように驚きや違和感との遭遇を楽しみ、シートベルトを着用するような気楽な気持ちで、評価判断の保留を行っていきましょう。

図1-08 評価判断の保留

本のない
図書館
?
?
違和感を
抱いたときに……
①自己の内面を
メタ認知する
②評価判断を保留にする
→学びにつながる
「おかしい」
「いらない」と
決めつける
→対話が無駄になる

POINT
「自分」と「自分の意見」を切り離すことで
他者の意見から学ぶことができる

対話の基礎力3　傾聴

対話の基礎力の３つ目は、傾聴です。

傾聴とは、相手の考えだけではなく、その背景まで理解する聴き方です。相手はなぜそう思うのか、どのような気持ちなのか、何を大切にしているからそう考えるのかを聴き取ることで、相手に共感することができます。

「他者に共感する」とは、他者の立場になって考え、理解してみるということです。共感は、「他者の靴を履いてみること」と説明されることもあります。

ここで注意してほしいのが、共感は、相手に賛同することでも、相手に感情移入することでもないということです。あくまでも、相手がどう考えているのか、どんな気持ちなのか、それはなぜなのかを、相手の立場になって深く理解することを意味します。

傾聴でも、リフレクションを通して、自己の内面をメタ認知する際に活用した認知の4点セットを使います。

▼共感を伴う傾聴

意見　相手はどのような意見を持っているのか？
経験　相手の意見の背景には、どのような経験があるのか？
感情　相手の経験には、どのような感情が紐づいているのか？
価値観　相手の意見の背景には、どのような価値観やものの見方が存在するのか？

傾聴に認知の4点セットを活用する際には、状況に応じて3点（意見・経験・価値観）や2点（意見・経験）を中心に聴き取ってもよいです。状況に合わせて、4点、3点、2点を使い分けてください。

図1-09　4点、3点、2点セットで聴く

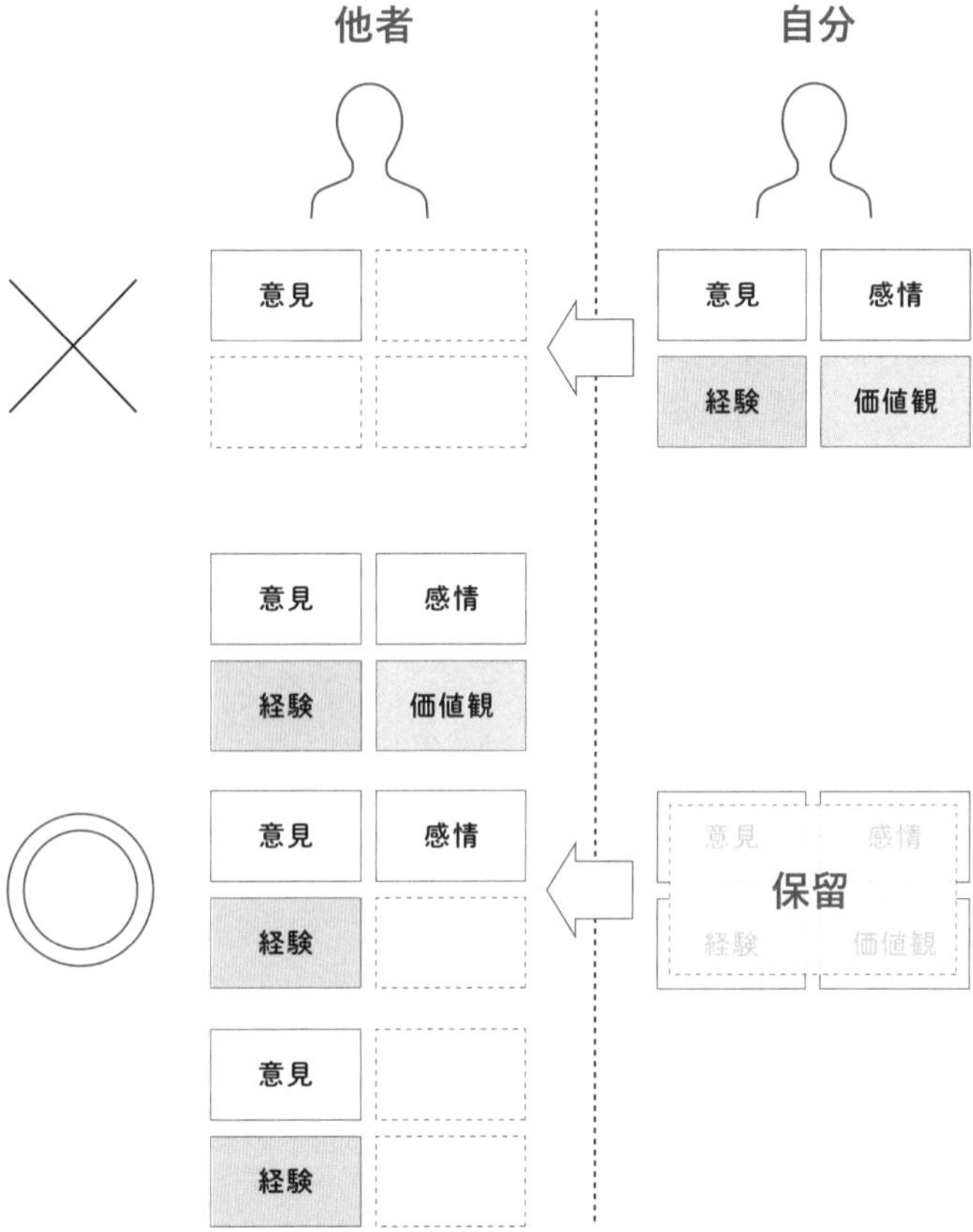

POINT

1点だけ聴き取るのは禁止！
状況に合わせて4点、3点、2点セットを使い分けよう

しかし、**1点（意見）だけを聴くことは、極力避けてください。**相手の意見だけを聴いているとき、私たちは、相手の意見を自分の経験に当てはめて、自分の解釈を加えて理解したつもりになります。しかし、相手の意見の背景にある経験や感情、価値観が、自分と同じとは限りません。このため、相手の真意を正しく聴き取れていない可能性が非常に高くなります。

実践方法 傾聴

「本のない図書館を作りたい」Aさんの話を、認知の4点セットで聴き取ります。

事例 Aさんの意見

意見 本のない図書館を作りたい。

経験 最近では、電子書籍を読むことが増えている。電子書籍は、本棚のスペースを心配することなく購入することができるので、とてもありがたい。電子書籍であれば、書籍を保管するスペースの制約がなくなるので、世界中の電子書籍を集めた図書館を作ることも可能になる。

感情　（スペースの心配が不要で）幸せ、（世界の本にアクセスできて）ワクワク

価値観　自分の世界を広げる、色々な本にアクセスする

評価判断を保留にして、相手の考えの背景にある経験や感情、価値観を聴き取ることで、相手には、自分には経験したことのない世界があることがわかりました。

また紙の本と電子書籍の違いはありますが、相手にも、読書から喜びを得るという共通の体験があることがわかりました。

聞き手である自分は、傾聴を通して、何に共感したのでしょうか。

自分とは違う経験を持っていることを理解する

自分は紙の本が好きなので電子書籍に慣れていないが、Aさんの読書は電子書籍が中心のようだ。

自分とは違う経験と、その経験に紐づく感情を聴き取る

自分の本棚にたくさんの本が並ぶことも楽しみの一つだが、電子書籍で読書をすることに慣れている人にとって、スペースを心配することなく購入できる電子書籍が魅力的なのかもしれない。

共感は、相手の意見に賛同することではありません。共感したからといって「今日から電子書籍しか購入してはいけない」などと考える必要はありません。傾聴のゴールは、相手の靴を履き、相手の世界を深く理解することです。

意見の背景にある経験に焦点を当てて傾聴するのか、意見の背景にある気持ちに焦点を当てるのかは、対話の目的により変わります。

悲しみや苦しみを癒やすのが目的であれば、相手の気持ちに意識を向けることが必要かもしれません。一方、先程の事例のように、異なる体験を持つ人たちが理解し合うことを目的とする対話では、経験の違いにフォーカスすることが有益です。

いずれにしても、意見だけ聴いて終わりにしないこと。これを忘れないでください。

図1-10 傾聴

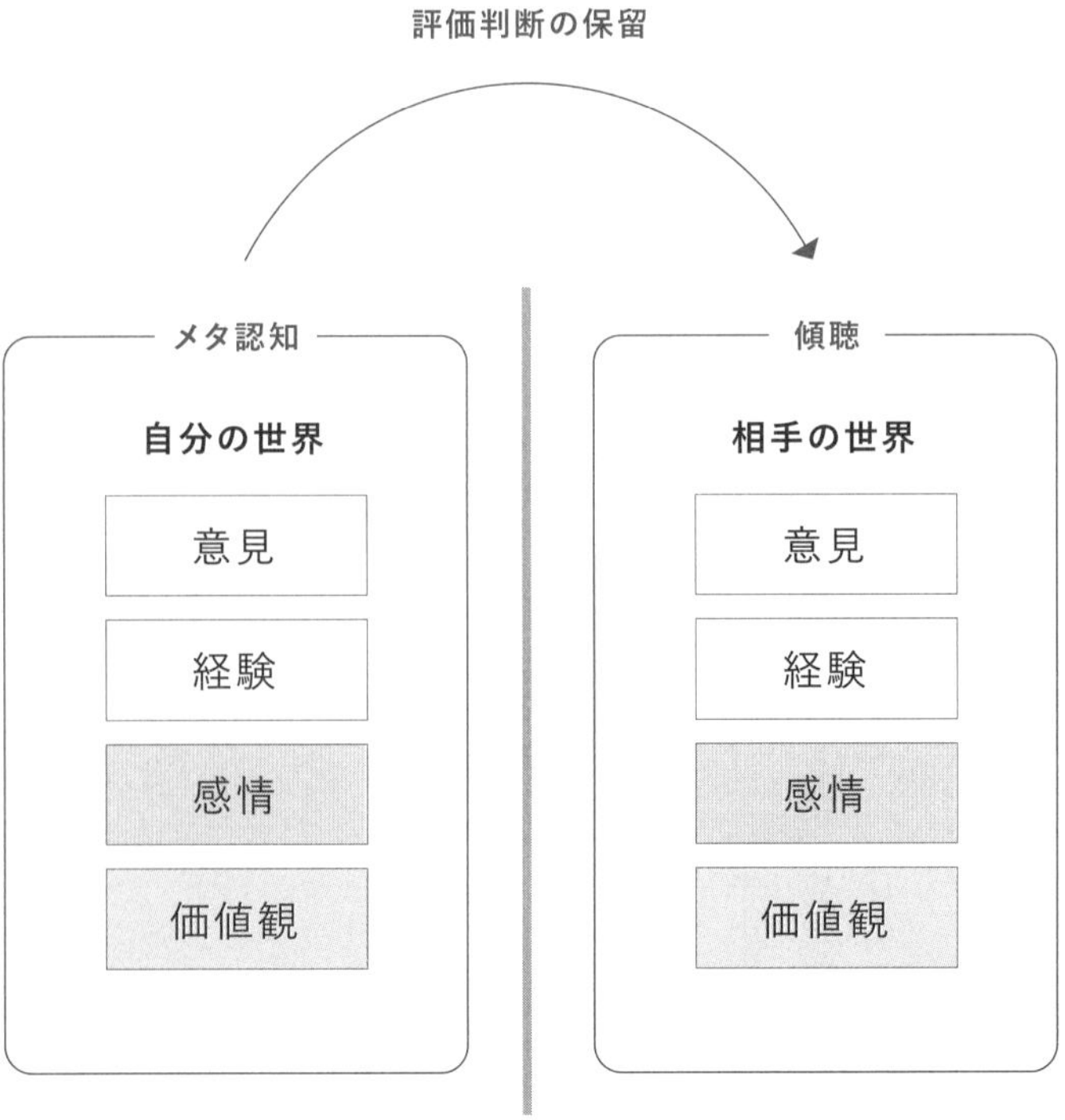

POINT
評価判断を保留にして、
相手の考えの背景まで傾聴し、共感する

対話の基礎力4　学習と変容

相手の世界を傾聴することができたら、次は、対話を通して得た学びを自分の世界に取り込んでいきましょう。対話における学習とは、**傾聴を通して得た情報を自分のものにするプロセスです。**したがって、**学習の結果、変容が起きます。**

学習は、自分の意見を変えることや、相手の意見に賛同することを意味するのではありません。対話を通して自分の境界線の外にある世界に触れることで、**自分のメンタルモデルに新たな何かが加わり、変化が起きること**を期待します。

相手の世界に賛同しなかったとしても、傾聴を行えば、相手にはそう考えるに至る経験があることを知ることができます。また、相手の大切にしている価値観を知ることもできます。相手の意見と背景にあるメンタルモデルを知ることは、自分の知らない世界を知る機会になります。

対話における学習と変容は、想像、共感、変容の3ステップで進んでいきます。対話を変容につなげるために、想像と共感の2つの学習のステップが必要になります。

1 想像：相手のメンタルモデルの世界を想像する
2 共感：相手の靴を履いてみる
3 変容：新しいものの見方が加わる

実践方法
学習と変容

対話では、想像と共感を通して相手の世界を学習します。その結果、自分のものの見方に変化が起きます。このため、傾聴は、コミュニケーションの手段であるだけではなく、自分をアップデートさせるために欠かせない学習と変容のメソッドと言えます。

想像
電子書籍を読む人の体験を想像してみよう。いつでも、どこでも、本を取り出すことができるのは魅力的だ。電車の中でも、すぐに読むことができる。本を持ち歩かなくてよいので、荷物も軽くなる。紙の本を買いすぎてしまって、探すのが大変なときがあるが、電子書籍なら探す手間も省けそうだ。

共感
(気軽に本を取り出せるのは便利で)嬉しい、(本を探すのが簡単で)嬉しい

変容
紙の本が好きだという気持ちには変化はないが、相手の世界を想像し共感することで、電子書籍には紙の本にはない利便性や魅力があることに気づいた。

このように、対話で知った新しい世界を自分のものにしていくためには、想像と共感の2つのステップで行う学習が欠かせません。

想像と共感の2つのステップは、自分の内面で行う行為なので、学習はリフレクションと言い換えることができます。リフレクションを行うことで、初めて、新しいものの見方を自分のものにする「変容」が可能になります。

図1-11　対話によって新しいものの見方が手に入る

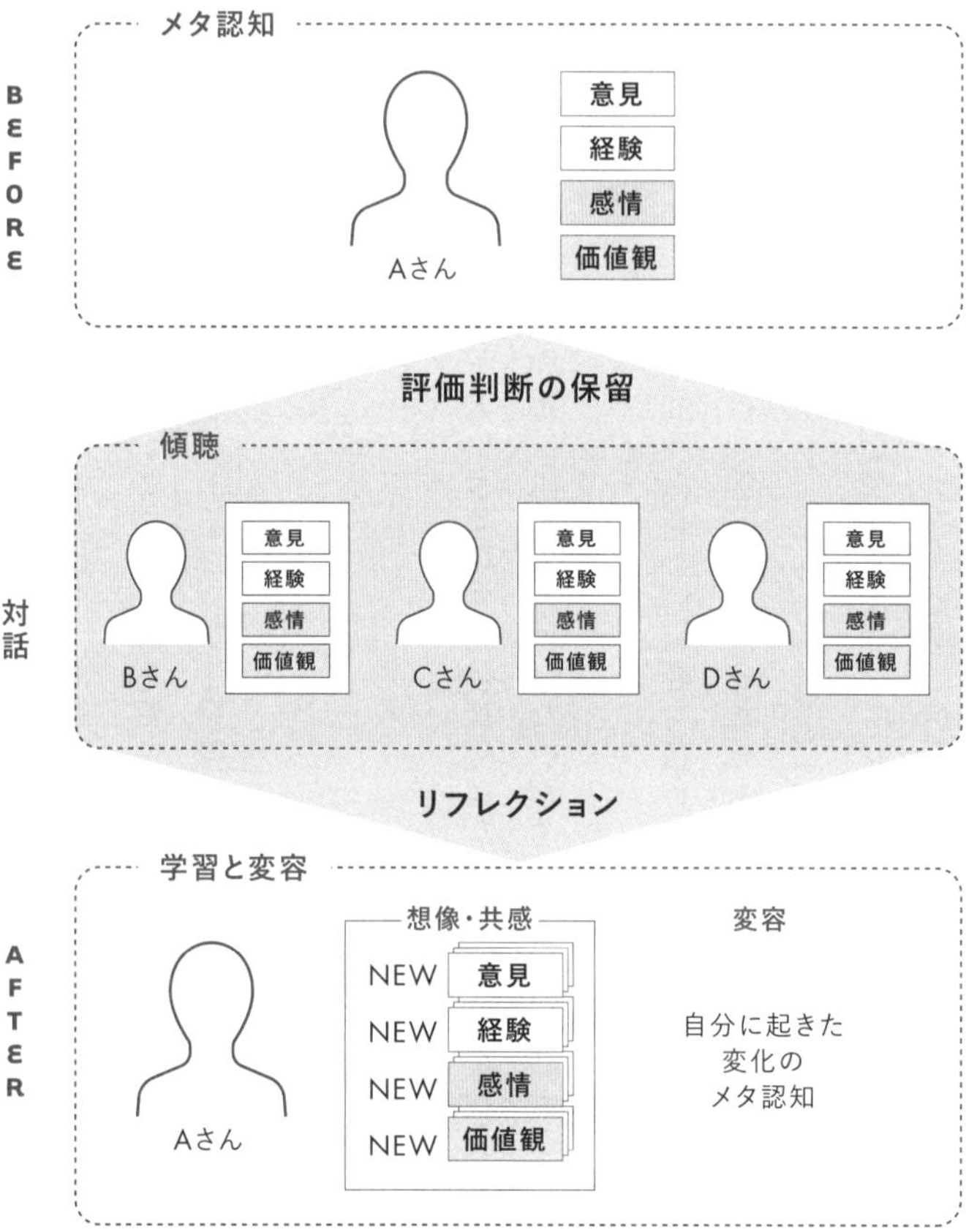

POINT
傾聴に想像と共感のステップを加えることで
新しいものの見方が手に入る

対話の基礎力5 リアルタイム・リフレクション

リアルタイム・リフレクションとは、対話に参加しているときに、自分の言動と内面をメタ認知することです。

「今、自分はディベートモードになっていないか」「今、自分はどのような気持ちで対話に参加しているのか」「今、自分は評価判断を保留にできているのか」「今、自分は何を学習しているのか」「今、自分の考えやものの見方が、どのように変化しているのか」など、**対話をしている最中に、自分に起きていることを俯瞰します。**

実践方法

リアルタイム・リフレクション

リアルタイム・リフレクションは、対話の生産性を上げるために欠かせません。対話中にも次のリストを活用し、自分の言動と内面のメタ認知を習慣化しましょう。

- 自分の意見について、その背景にあるメンタルモデルを把握しているか
- 評価判断を保留にした状態で、他者の話を聴いているか
- 他者の意見を自分のメンタルモデルを通して評価していないか
- 他者の意見の背景にあるメンタルモデルを聴き取ろうとしているか
- 他者の意見の背景にあるメンタルモデルを把握しているか
- 他者の意見の背景にある経験を想像しているか
- 想像の中で、相手の感情を味わい、相手の気持ちに共感できているか
- 想像と共感を通して新しいものの見方を自分のものにしているか
- リアルタイム・リフレクションを通して、自分の言動や内面をメタ認知しているか

リアルタイム・リフレクションにも、認知の4点セットが活用できます。

意見 私は今、他者の意見を評価している。
経験 「紙の本なんて時代遅れで、DXが進めば、世の中から消えていくものだ」という発言を聞き、「そんなはずはない。とんでもない意見だ」と思った。
感情 ムッとした
価値観 紙の本が大事

私たちは人間なので、気をつけていても、評価判断をしてしまうことがあります。大切なことは、その瞬間に自分が評価判断を行っていることに気づき、自分の中のネガティブな感情を制御し、評価判断のスイッチを「オフ」に切り替えることです。

対話のテーマが利害に関わることであれば、評価判断を保留にすることは簡単ではありません。まずは、それほど重たくない話題から、評価判断の保留の習慣を身につけ、徐々に難易度の高い対話に挑戦していくのがおすすめです。

図1-12　リアルタイム・リフレクション

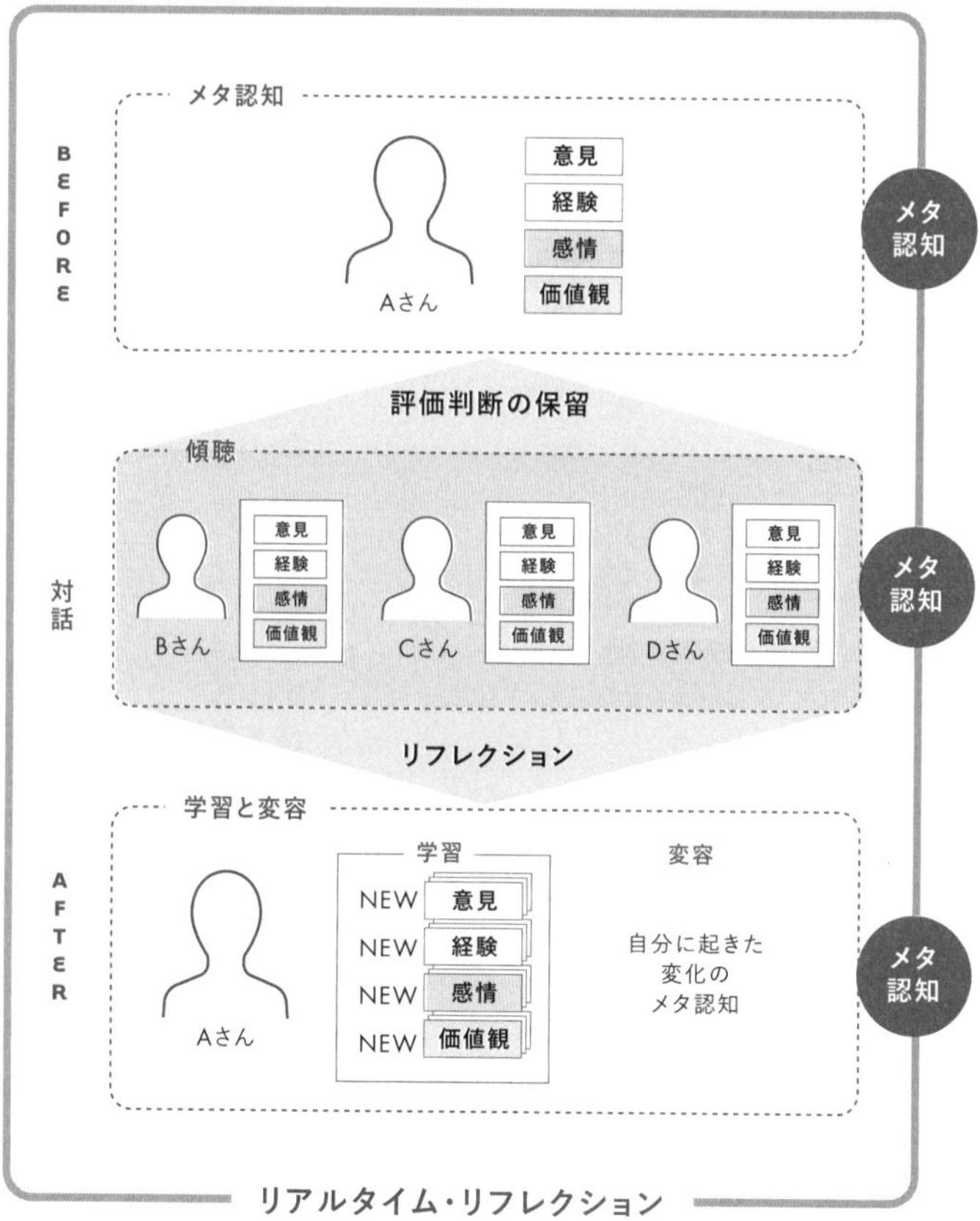

POINT
対話のプロセスの中で、
自分の言動と内面を随時メタ認知する

対話の破壊者にならないために

多様性を活かし、新しい何かを生み出す対話を成功させるためには、一人ひとりが評価判断を保留にするスキルを持つことが大切です。評価判断を保留にすることで初めて、境界線の外にある未知の世界に出会うことが可能になります。しかし、多くの人は、評価判断を保留にすることが難しいと言います。

評価判断を保留にすることが苦手な人の多くは、判断のスピードの速い人です。このため、意思決定を行う立場にいるリーダーの多くは、評価判断を保留にすることに慣れていません。判断のスピードの速い人は、受け取った情報を瞬時に処理し、価値ある情報と、そうでない情報に仕分けます。

判断のスピードを期待されるリーダーにとって、対話は、非効率で無駄な時間に感じるかもしれません。しかし、新しい価値を創造することや、複雑で厄介な問題を解決するためには、対話が不可欠です。

対話もスキルを磨けば、効率的に行えます。しかし、対話の場で誰かが評価判断を行ってしまうと、対話の生産性も効率も高まらず、その成果物もあまり期待することができません。

対話に参加する全員が、対話の破壊者にならないよう努力することが大切です。そこで、改めて、評価判断を保留にする価値に触れておきます。

評価判断の保留が、創造的な結論につながる

やるべきことが明確な時代には、行動力が成功の鍵を握りました。そんな時代には、リフレクションに時間を費やす理由はありません。しかし、前例のない時代には、過去の経験に基づく行動に頼るのではなく、多様な世界からアイディアを募り、

新しい発想に基づき行動することこそが、成果を生みます。

対話には、一人では考えられないアイディアや結論を形成する力があります。多様な専門性や経験を融合させる力もあります。

ところが、一人でも、対話に評価判断を行う人が参加していると、対話の場ではなくなります。対話の破壊者が場の空気を支配すると、一人の意見で物事が決まってしまう場合もあります。

もちろん、多くの参加者はそのことに違和感を覚えますが、一旦対話の場が破壊されると、心理的安全性が低下し、場の修復が困難になります。

対話の破壊者にならないためにも、対話の席に座ると決めたら、評価判断の保留を心がけましょう。

即決のデメリットは、前例に縛られることです。私たちは、過去の経験に縛られ、過去の経験によって形成された枠の中で物事を考える習性を持ちます。このため、評**価判断を保留にしないときの結論は、前例に縛られた結論と言えます。**おそらく、それは、創造的なアイディアではないでしょう。

今日では、過去のやり方をそのまま適用しても、良い成果につながらないことが多く、このため、過去の経験に基づく判断は、あまり役に立ちません。

対話では、自分の経験に基づく判断ではなく、自分の境界線の外にある世界に触れながら、新しいものの見方で判断することを目指します。この過程を一人で行うことは難しく、多様な人たちとの対話の場が欠かせません。

新しい何かを生み出す対話の場において、**情報の価値を反射的に評価することは、創造活動の生産性を下げる行為**なのです。

もちろん、即決が大事な場合もあります。**即決に価値がある仕事と、即決が害になる仕事を区別する**ことも、忘れないでください。

また、即決に際しても、認知の4点セットで、結論の背景にある判断軸を明確にしておくことをおすすめします。何かの理由で判断を見直す際に、**判断そのものではなく、判断軸を見直す**ことが簡単に行えます。

過去の成功体験を手放そう

評価判断の保留は、対話の席につくために欠かせない所作です。しかし、即決、即行動で成果を上げた成功体験を持つ人や、意思決定を行う立場の人にとって、評価判断を保留にすることは、簡単なことではありません。過去の成功体験を通して形成されたものの見方と行動様式を手放す**アンラーン**（学びほぐし）が必要です。

アンラーンの実践方法については326ページで詳しく説明しますが、まずは、スモールステップで習慣を変えることにチャレンジしてください。最初のステップは、自らが評価判断を行っていることに気づくことです。

ゴールは、評価判断を行っている自分をメタ認知できるようになること、そして、評価判断のスイッチのオン・オフを自在に行えるようになることです。

多様性を活かす対話を行うために、評価判断を保留にするスキルを高めましょう。また、対話を「思慮深さを磨く手段」として、活用してみてください。

1章のポイント

- 対話は、コミュニケーションだけでなく、アイディア創出や課題解決など、「創造」のためにも活用できる。

- 対話の基礎力の1つ目は「メタ認知」。自分の考えがどこからやってきたのか、認知の4点セット「意見」「経験」「感情」「価値観」で内面を俯瞰する。

- 対話の基礎力の2つ目は「評価判断の保留」。相手の意見に驚きや違和感を抱いても、ネガティブな感情をコントロールすることで学びにつながる。

- 対話の基礎力の3つ目「傾聴」では、相手の考えだけでなく、その背景まで理解して共感する。ただし、賛同や感情移入をする必要はない。

- 対話の基礎力の4つ目は「学習と変容」。想像と共感をすることで、新しいものの見方を学ぶことができる。

- 対話の基礎力の5つ目は「リアルタイム・リフレクション」。対話の最中にも自分を俯瞰し、軌道修正する。

第2章

共創するチームの対話

対話によってチームで学び、価値を生み出す

「学習する組織」という言葉を聞いたことがあるでしょうか。

ピーター・センゲ氏が提唱する、現状とありたい姿のギャップを埋めるために能力を高め続ける組織のことです。**問題解決や創造的な活動は、「現状とありたい姿のギャップを埋める行為」**と捉えることができます。このため、ありたい未来を自分たちの手で創り出すチームは、学習する組織であることが望ましいです。

学習する組織では、誰もが、現状とありたい姿のギャップを埋めるために自己と向き合い、境界線を超える学びを通して、潜在能力を開花させることができます。

また、誰もが組織のビジョンを自分ごと化し、現状とありたい姿のギャップを埋めるために、チーム学習を行います。このため、対話は、学習する組織に欠かせない行

動様式の一つです。

本章では、一人ひとり、そしてチームが、現状とありたい姿のギャップを埋めるために対話をどう活かせばよいかを、3つの観点で解説します。

- チーム一丸となるための対話
- チーム学習のための対話
- 信頼関係と心理的安全性のための対話

対話によってチームで得られる学びを最大化し、一人では成し遂げられない理想を実現していきましょう。

チーム一丸となるための対話

前例のない中で成果を出すためには、計画通りに物事が進まないことを前提にしなければなりません。このため、メンバーにタスクを振り分け計画通りに物事を進めるのではなく、チーム一丸となり、一つの目標に向かって活動することが期待されます。

チーム一丸となるためには、一人ひとりが、問題解決や価値創造といった「現状とありたい姿のギャップを埋めること」に強い思いを持っていることが前提条件です。

強い思いは、自分ごと化、当事者意識、コミットメント、志や決意などと言い換えることができます。ありたい姿を実現したいという強い思いがあるからこそ、困難に直面しても、壁を乗り越え目標に向かうことができます。

チーム一丸とは、一人ひとりがチームの目標を自分の目標と捉え、団結して一つの目標に向かうチームの状態を指します。

チーム一丸となるためには、一人ひとりが強い思いを持つと同時に、メンバー同士でお互いの強い思いを共有していることが大切です。

また、目標を一つにするためには、現状とありたい姿のギャップに対する認識を一致させなければなりません。現状とありたい姿と、そのギャップについて、メンバーの認識をすり合わせていく努力が必要です。チーム一丸となるために対話が欠かせないのは、このためです。

内発的動機「クリエイティブ・テンション」を見つける

創造的な活動の成果は、メンバー一人ひとりの主体性に依存します。しかし、ただ「創造的になれ」と指示命令されても、人間は、創造的になることはできません。「こんなサービスを実現したい」「こんな社会を作りたい」と内から湧き上がる内発的動機が、人間を創造に向かわせます。この内発的動機は誰もが内に秘めているものですが、それを自由自在に引き出せる人は多くありません。

学習する組織の特徴の一つは、誰もが、現状とありたい姿のギャップを埋めるために、内発的動機を高め続けることです。**この内発的動機のことを、学習する組織では、「クリエイティブ・テンション」と呼びます。**

クリエイティブ・テンションを駆動させるためには、**リフレクションを通して、目的と自分とをつなぐ**ことが大切です。そのため、対話の最初のステップである、自己の内面をメタ認知するリフレクションが大切な役割を持ちます。

次のような問いに、認知の4点セットで答えることで、クリエイティブ・テンションを駆動させることができます。

■この活動を通して何を実現したいのか?
■どのような価値を提供することで社会に貢献したいのか?
■この活動を通して自分が得る喜びは何か?

クリエイティブ・テンションには、自分の内発的動機を駆動させるだけではなく、他者の心に火をつける効果もあります。このため、クリエイティブ・テンションを駆動させるリフレクションは、チームメンバーと一緒に行うことがおすすめです。

事例

Aさんのクリエイティブ・テンション

チームビルディング支援アプリの開発に従事しているAさんの例を見てみましょう。事例には、3番目の問いを選びました。

Q この活動を通して自分が得る喜びは何か?

意見 誰もが自分らしくチームに貢献し、高い目標を実現できるように、チーム活動をアプリで支えたい。

経験　これまでのチーム経験を振り返ると、自分らしく貢献し気持ちよく協働できたチームは、高い目標を達成している。自分のやりがいもパフォーマンスも高まり、達成感を得ることもできた。大変だったけれど、今でもワクワクする思い出になっている。一方、みんなが自分らしさを出せないチームでは、みんなのモチベーションもパフォーマンスも低く、チームとしても成果が出せなかった。

感情　（良いチームの思い出）楽しい、（よくないチームの思い出）つまらない

価値観　自分らしく貢献する、チームで協働する、楽しく働く、高い目標を達成する

Ａさんは、チームビルディング支援アプリを通して、みんなが自分らしく貢献することや高い目標を達成すること、楽しく働くことを支援したいと考えています。リフレクションを通して、自分が大切にしている価値観とありたい姿との結びつきを明確にすることで、自分ごととして業務に取り組むことが可能になります。

ありたい姿を願う背景にある自分の経験を思い出し、そのときに味わった感情を再

び味わうと、ありたい姿に向かうエネルギーが内から湧き出ます。これが、クリエイティブ・テンションのパワーです。

チームが一つのテーマに取り組む際にも、そのテーマに情熱を注ぐ理由は、メンバー一人ひとり異なります。ありたい姿を願う背景にある経験も、大切にしている価値観も違うからです。

メンバーが一丸となって一つの目標に向かうチームは、一人ひとりのクリエイティブ・テンションを引き出す対話が、とても上手です。「なぜ私は、この仕事に取り組むのか」「私がこの活動を通して得る喜びは何か」を自分に問いかけ、語り、聴き合うことで、自分とチームの内発的動機が高まることを知っているからです。

人のモチベーションは一定ではありません。高いモチベーションでスタートしたプロジェクトでも、困難に直面し、心が萎えてしまうことがあります。ありたい姿に到達する道筋が見えなくなり、実現することが不可能ではないかと感じることもあります。そんなときには原点に立ち戻り、「なぜ私は、この仕事に取り組むのか」「私がこの活動を通して得る喜びは何か」を対話する場を作りましょう。

前例のない仕事には、受け身で手に入る成功はありません。現状とありたい姿のギャップを埋めるために、「どうすれば実現できるのか」と問い続けるしかありません。困難に直面したときに、自分とチームの内発的動機を高め続けられるかどうかが、成功の鍵を握ります。

クリエイティブ・テンションは、内発的動機を高めるだけでなく、個人とチームのパフォーマンスを高める効果があります。クリエイティブ・テンションが、問題を解決するために学ぶ意欲や創造性を高めるからです。

個人のクリエイティブ・テンションを一人の内発的動機で終わらせるのか、チームに相乗効果をもたらすのか、その違いを生み出すのが対話です。

対話を通して、チームのクリエイティブ・テンションを最大化し、一丸となって一つの目標に取り組む強いチームを作っていきましょう。

一つの目標に向かう

チームが一丸となって一つの目標に向かうと、一人では成し得ない大きな成果をあげることができます。そのために欠かせないのが、パーパス、ビジョン、バリューの共有です。

- パーパス：我々がこの世界（社会・組織）に存在する理由
- ビジョン：我々が目指すゴール
- バリュー：我々が大切する価値観や（価値観に基づく）行動様式

チームが編成されたら、必ず、この3つの定義を行いましょう。

いきなり計画を立てて動き出すチームをよく見かけますが、未来の成果を創造する仕事では、計画通りにいかないことばかりです。パーパス、ビジョン、バリューは、行き詰まったときに道標の役割を果たします。行動も計画も、ときにはチームさえ変容を求められる今、立ち戻る場所の重要性は益々大きくなっています。

メンバーで一つの目標を目指すとき、一人ひとりの役割は違っても、目指す方向性は同じでなければなりません。そのためには、達成目標を示すビジョンと、何のためにそのゴールを目指すのかを示すパーパスを、握っておくことが必要です。バリューは、ビジョンやパーパスを実現するためにチームで大切にすべき価値観や行動様式です。バリューが決まっていることで、安心して、気持ちよく一緒に活動することができます。

パーパスとビジョンには、チームのクリエイティブ・テンションを高める効果もあります。チームが行き詰まったときにも、「我々は何を実現したいのか」「何のために我々は存在するのか」「それは、なぜ自分にとって大切なのか」と問いかけ伝え合うことで、使命感を燃やすことができます。

難しい問題解決においては、途中で課題の捉え方が変わり、計画を変更することもあります。環境の変化に合わせて、戦略の方向転換を求められることも珍しくありません。そうした状況で、「ここまで一生懸命にやったのだから」と変化に躊躇しては、本当の意味での問題解決はできません。行き詰まったら、原点であるパーパスとビジョンに立ち返り、必要な軌道修正を行うことが大切です。

パーパス、ビジョン、バリューは、作成して終わりというものではありません。この3つをメンバー一人ひとりが心にインストールしなければ、パーパス、ビジョン、バリューは存在しないに等しいからです。

パーパス、ビジョン、バリューを自分ごと化するために欠かせないのがリフレクションです。対話を通してリフレクションを行い、チームメンバー同士が、**「なぜ、それが自分にとって大切なのか」を共有することで、自分ごと化の連鎖が生まれます。**それによってチームのクリエイティブ・テンションが高まり、メンバーが同じ方向を向く効果も期待できます。

図2-01　パーパス、ビジョン、バリューと対話

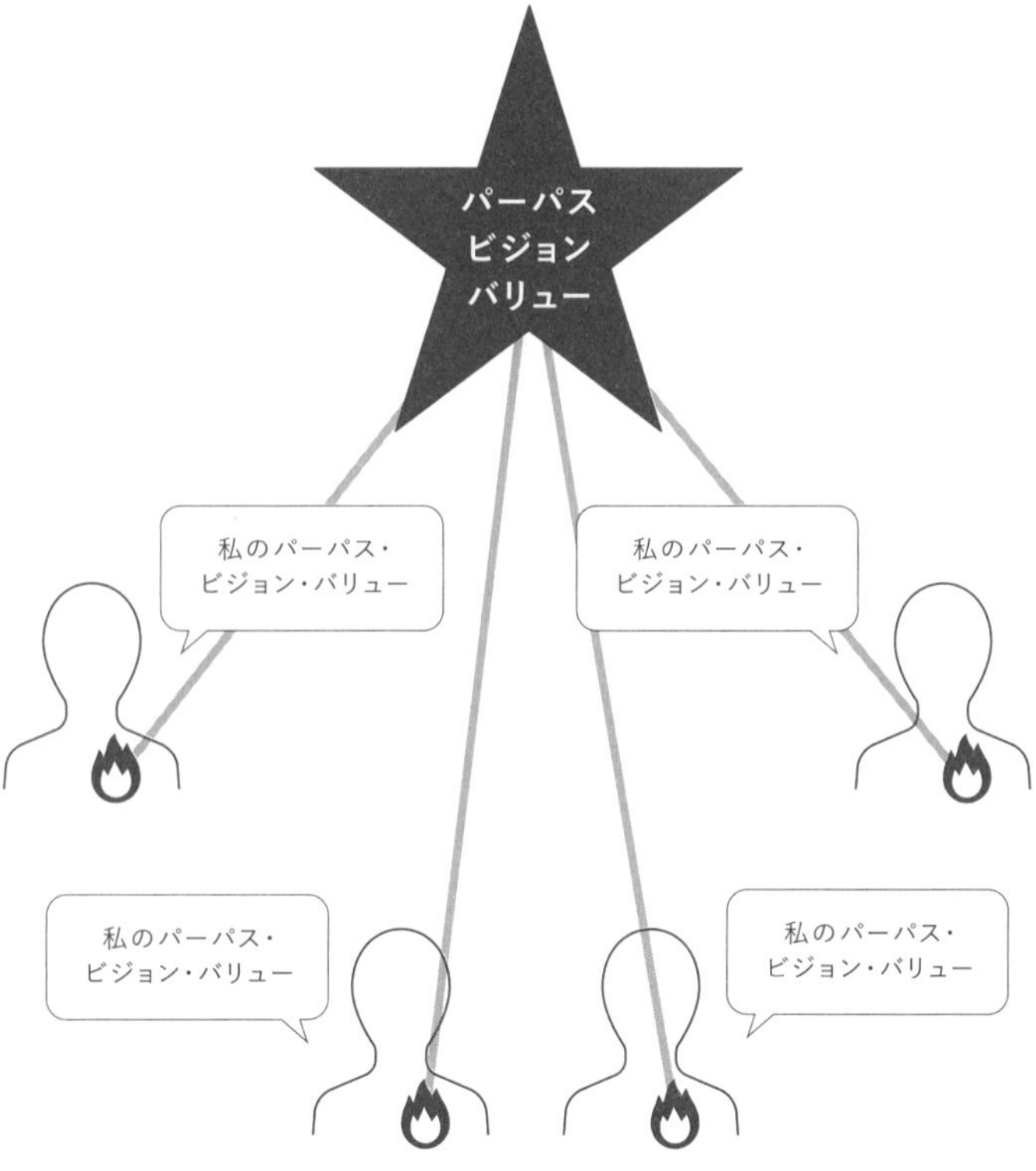

POINT

「なぜ、それが自分にとって大切なのか」を
対話を通して共有することで
チーム全体のクリエイティブ・テンションが高まる

ビジョンの共有は、計画のタスクへの落とし込みとは異なり、目に見えないものなので、短期的には省略しても何も問題が起きません。しかし、大きな目標や困難な目標に向かうのであれば、**対話を通して、パーパス、ビジョン、バリューを自分ごとにする時間を持つほうが、成功の確率が高まります。**

ここからは、ワーケーション事業を運営する企業を例に、「一人ひとりがパーパスを目指す理由」を共有する様子を見てみましょう。

ワーケーションとは、「ワーク」と「バケーション」を組み合わせた造語で、観光地やリゾート地でリモートワークを行う、新しい働き方です。この企業のパーパスは、「ワークもライフも、自然と共に」です。メンバー一人ひとりが、どのような思いで、ワーケーション事業に取り組んでいるのかを尋ねます。

事例 Aさんの思い

意見 自然の持つ癒しの力が、人生を充実したものにしてくれる。

経験 都会で仕事をしていたときは、月曜日から金曜日まで自然とは無縁の生活をしていて、気分転換が難しかった。週末にときどきキャンプにでかけ、自然に囲まれることで、エネルギーを充電することにしていた。

感情 (平日)ストレス、(週末)スッキリ

価値観 自然と共に生きる

なぜ、パーパスが大切なのか？

一人でも多くの人に、自然と共に生きる喜びを知ってほしい。そして、ワークもライフも共に充実した人生の喜びを知ってほしい。

事例 Bさんの思い

意見 自然の中にいると、アイディアがどんどん湧いてくる。

経験　自然の中で仕事をするようになって、新しいアイディアが生まれやすくなった。通勤もなく、空いた時間にはぼんやりしながら緑の中で日向ぼっこをする。そんなときに、ふとアイディアが浮かぶことが多い。

感情　（アイディアが湧き出て）嬉しい

価値観　創造性、独創性

なぜ、パーパスが大切なのか？

もっと創造的でありたいと思ったら、都会で徹夜するよりも、自然の中で仕事をしたほうがよい。みんなが自然の中で自らの潜在能力を開花し、楽しく発想を広げることができる社会を実現したい。

事例

Cさんの思い

意見　自然の中で暮らすと早寝早起きの習慣が身につき、健康的な暮らしができる。

経験　都会では、昼間は仕事、夜は飲み会で、いつも寝るのは0時過ぎだった。その当時は充実した暮らしだと思っていたが、自然の中で暮らすようになり、不健康な暮らしをしていたことに気づいた。

感情　（早寝早起きの価値を知り）驚き、健やか

価値観　健康第一

なぜ、パーパスが大切なのか？

自然と共に生きることで、より健康的に、より充実した人生を送ることができる。ワークもライフも充実し、心にも余裕が生まれる。そんな健康的な生き方を、みんなに知ってほしい。

この事例のように、「ワークもライフも、自然と共に」という組織としてのパーパスは共通でも、そのパーパスの背景にある思いは人それぞれです。

ビジョンやバリューに関しても、パーパスの事例と同様に、認知の4点セットで、「なぜ、それが自分にとって大切なのか」をリフレクションすることで、自分ごとにすることが可能になります。

図2-02 パーパスの共有

WORK

パーパスを自分ごとにする

ワーケーション事業に取り組む企業のパーパスに抱く
それぞれの思いを、リフレクションと
対話で明らかにしましょう。

	なぜ「ワークもライフも、自然と共に」が大切なのか？
Aさん	一人でも多くの人に、 自然と共に生きる喜びを知ってほしい。 そして、ワークもライフも共に充実した 人生の喜びを知ってほしい。
Bさん	もっと創造的でありたいと思ったら、 都会で徹夜するよりも、自然の中で仕事をしたほうがよい。 みんなが自然の中で自らの潜在能力を開花し、 楽しく発想を広げることができる社会を実現したい。
Cさん	自然と共に生きることで、より健康的に、 より充実した人生を送ることができる。 ワークもライフも充実し、心にも余裕が生まれる。 そんな健康的な生き方を、みんなに知ってほしい。

POINT

対話によって一人ひとりの思いを明らかにすることで
自分ごと化の連鎖が起きる

チーム学習のための対話

チームで何かに取り組んでいると、当然、成功することも失敗することもあります。その経験を次のアクションに最大限活かすためには、リフレクション、つまり振り返りが不可欠です。チームで「経験から学ぶリフレクション」を行うことで、学びの幅が広がります。

リフレクションは、反省と異なり、経験からの学びを未来に活かすために行います。学習する組織では、「成功しても失敗しても、経験したからこそ得たものがある。経験を智慧に変えることができる」と考えます。リフレクションの目的は、学びを得て賢くなることなので、失敗を振り返るときにも、ポジティブな気持ちでリフレクションを行いましょう。

図2-03 リフレクションと反省の違い

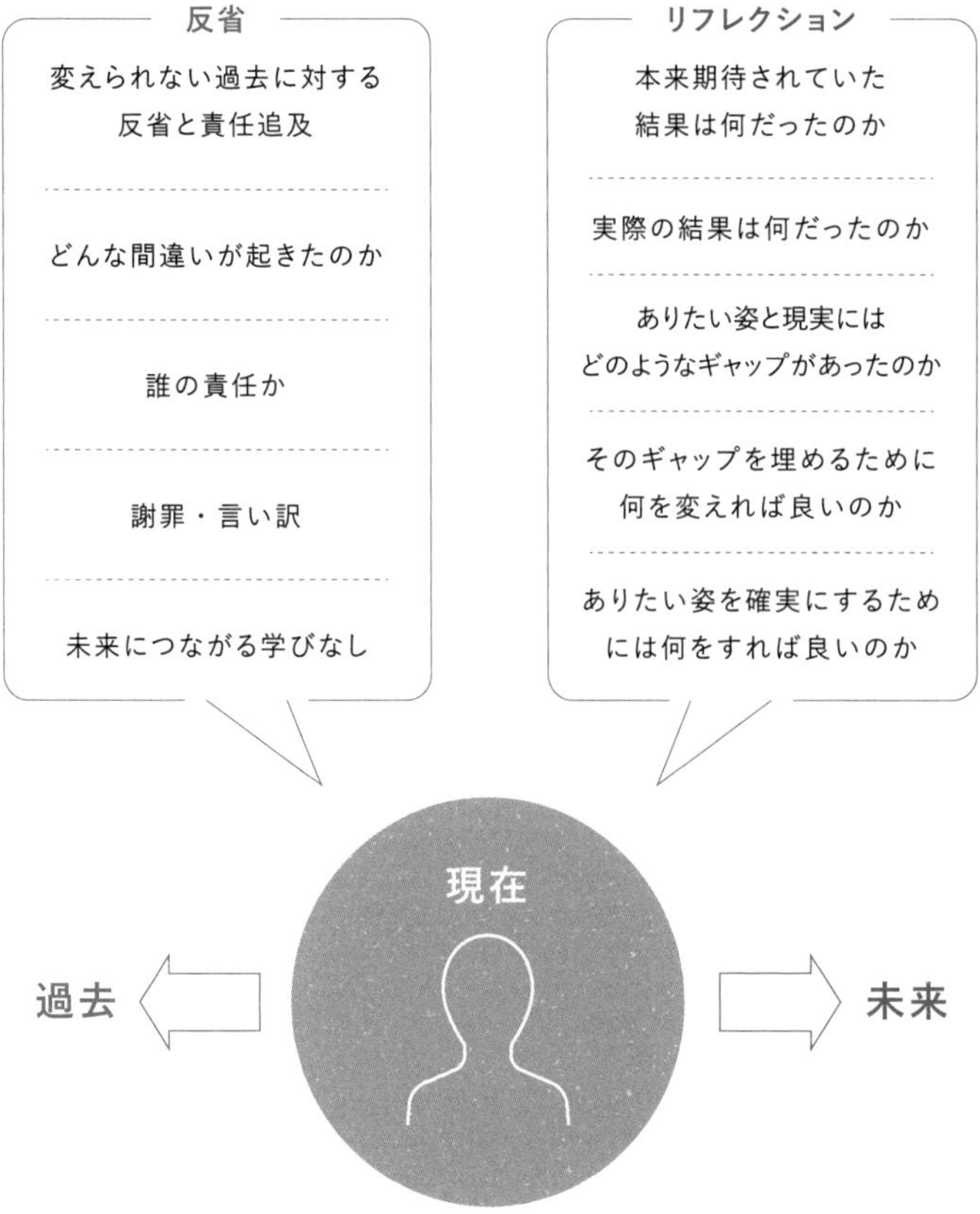

<table>
<tr><th>反省</th><th>リフレクション</th></tr>
<tr><td>変えられない過去に対する
反省と責任追及</td><td>本来期待されていた
結果は何だったのか</td></tr>
<tr><td>どんな間違いが起きたのか</td><td>実際の結果は何だったのか</td></tr>
<tr><td>誰の責任か</td><td>ありたい姿と現実には
どのようなギャップがあったのか</td></tr>
<tr><td>謝罪・言い訳</td><td>そのギャップを埋めるために
何を変えれば良いのか</td></tr>
<tr><td>未来につながる学びなし</td><td>ありたい姿を確実にするため
には何をすれば良いのか</td></tr>
</table>

POINT

リフレクションは、過去の経験を未来に活かすためのもの。失敗か成功かではなく、学びに意識を向けよう

経験から学ぶリフレクション

前例のない任務を遂行する際には、PDCAに加えて、AARが大事だと言われています。AARとは、**見通しを立て**（Anticipation）、**行動し**（Action）、**リフレクションする**（Reflection）という意味です。正解がない仕事で答えを見出すためには、早く失敗することが大事だとも言われています。失敗から学び、次の打ち手を考えることで、早く成功に近づけるからです。早く失敗することは、早く学ぶことを意味します。

経験から学ぶリフレクションの事例を見てみましょう。振り返りのスタートは、行動の前に想定していた理想の結果と現実のギャップを確認することです。

事例

新メニューの振り返り

キッチンカーで弁当を販売する共同経営者2人による振り返りです。今はカレー弁当が評判ですが、新しいメニューとして惣菜弁当を開発中です。

■理想の結果と現実のギャップ

理想の結果（見通し）

新しく開発した惣菜弁当が、人気の商品になる。一番人気のカレー弁当と同じ数の売上を見込む。

結果

実際には、カレー弁当の五分の一の数しか売れなかった。

理想の結果の前提にある仮説（見通しの根拠）

カレーとサラダのセットメニューを販売したら飛ぶように売れたので、健康志向のお客さんが多いのではないかという仮説を持った。カレーも素材にこだわり調理し、ファンを獲得している。そこで、お惣菜もヘルシーだし、人気メニューになるのではないかという仮説を持った。

■経験の振り返り

【売上】

◎初日の惣菜弁当の売上は、初めてのメニューで珍しさもあり、カレー弁当の三分の一に到達した

▲2日目から、徐々に惣菜弁当の売上が下がっていった

▲一週間の売上を平均すると、惣菜弁当はカレー弁当の五分の一だった

【手間】

▲惣菜メニューを日替わりにしたので、想定以上に手間がかかった

【食材の無駄】

▲日替わりメニューなので、売上予測が外れると食材に無駄がでる

■経験からの学び

問い　うまくいったこと：なぜうまくいったのでしょうか？

◎初日の売上の成功：おいしい惣菜弁当を紹介する看板を用意したところ、多くの人に新しいメニューへの期待を持ってもらえた

問い　うまくいかなかったこと：経験前に戻れるとしたら、何を変えますか？

▲2日目以降の売上の低下：2日連続で売上が下がった3日目の段階で、惣菜弁当のメニューについてのお客様アンケートを始めればよかった

▲手間：前日の仕込みを工夫することで、当日の調理の工程を減らすことができた

▲食材の無駄：売上予測を途中で変更すれば、食材を無駄にしなくて済んだ

■法則　仮説のアップデート

- カレー弁当の実績が、すぐに惣菜弁当に活かせる訳ではない
- 売れる惣菜弁当については、学習と研究が必要である
- 惣菜は品数が多いので、調理の工夫が大事だ
- 新商品では、売上予測を継続的に見直すことが大事である

■仮説を活かした次のアクション

【売れる惣菜弁当を開発するためのアクション】

- 先週の売上とメニューの関係を分析し、人気メニューの惣菜弁当の仮説を立てる
- モニターを募集して、人気メニューの仮説に基づく日替わり惣菜弁当の販売を一週間行い、アンケートを取る
- モニターのアンケートに基づき、人気メニューを検討する

このように、経験を振り返って学びに変え、仮説をアップデートして次のアクションにつなげていきます。

うまくいかなかったことも、成功へのヒントとして捉えれば、ネガティブな感情に支配されずに対話を行うことができます。

経験から学ぶためのチェックリスト

振り返って次のアクションに変えるといっても、効果的なアップデートを行えない

図2-04　経験から学ぶリフレクション

想定していた結果は何ですか？	⇔	実際の結果は何ですか？

計画	行動計画	**どのような行動計画を立てましたか？**
	仮説	**計画の前提にある仮説（判断基準）は何ですか？** 「こうすればうまくいく」といった持論、 過去の成功・失敗体験から得た知恵、成功法則など
経験	経験	**どのような経験でしたか？ うまくいったこと、うまくいかなかったことは何ですか？**
	感情	**その経験には、どのような感情が紐づいていますか？**
学び	経験からの学び	**この経験からの学びを、以下の視点で整理してください。 （うまくいった場合）なぜうまくいったのだと思いますか？ （うまくいかなかった場合）経験前に戻れるとしたら、 何を変えますか？**
	法則の定義（仮説の再定義）	**リフレクションから明らかになったことは何ですか？** 仮説（判断基準）がアップデートされた法則を 定義してみましょう。
	行動計画	**明らかになった学びをどのように活かしますか？**

ことがあります。

そのようなことが起こってしまう原因は、それぞれのステップで何をどう振り返るべきかが曖昧になってしまうことにあります。

そんな残念なリフレクションを防ぐために、左のページにチェックリストを用意しました（図2－05）。振り返りの目的や焦点の曖昧さに気づくために、リフレクションの途中で、活用してみてください。

結果や行動だけを振り返らない

経験から学ぶリフレクションでは、経験をどう意味づけるのかが学習の質を左右します。その前提として、経験のどの部分に意識を向けてリフレクションを行うかが、重要なポイントになります。

私たちは、毎秒、1100万ビットの情報の中から、40ビットの情報を選び認知していると言われています。私たちは、周囲の世界にある情報の1％も拾えていないの

図2-05 経験から学ぶリフレクション スキルアップのためのチェックリスト

【行動前】目的を明確にする
□得たい結果が明確になっている
□検証したい仮説が明確になっている

【計画】仮説を明確にする
□「こうすればうまくいくだろう」という仮説を持っている
□その仮説がどこからやってきたのか(過去の経験)を知っている

【経験】経験を振り返る
□仮説に対する振り返りになっている
□うまくいったこと、いかなかったことが整理できている
□感情の推移から、どこに学びがあるかを探している

【学び】法則を明確にする
経験からの学びを整理する
□うまくいったこと:どうしてうまくいったのかが明確になっている
仮説が当たっていた/仮説通りできた/仮説以外の要因があった
□うまくいかなかったこと:どうしてうまくいかなかったのかが明確になっている
仮説がはずれた/仮説通りできなかった/仮説以外にも大事な仮説があった

法則を見出す
□正しかった仮説について、さらに学んだことが明確になっている
□新たに加わった仮説が明確になっている

【行動計画】学びを活かす
□明らかになった学びをどのように活かすかが明確になっている
□仮説の活用と検証の機会を想定する

です。
このため、経験から学ぶリフレクションにおいても、チームの力が欠かせません。自分のレンズで拾った事実、他者のレンズが拾った事実を紡ぐことで、経験を多面的多角的に捉えることができます。

経験を振り返るときには、つい結果や行動だけに意識を向けてしまうことがありますが、これでは経験から学ぶものが少なくなってしまいます。あなたは、次の4つのレベルのうち、どのレベルでのリフレクションを行うことが多いでしょうか。

- レベル1：事実や結果のリフレクション
- レベル2：他者や環境のリフレクション
- レベル3：自分の行動のリフレクション
- レベル4：自分の内面のリフレクション

大きな変化を生むのは、レベル4のリフレクションです。自己の内面を、認知の4

点セットで振り返ってください。先ほどの事例の中で生まれた仮説を題材に、見てみましょう。

事例 レベル4のリフレクション

仮説のアップデート

カレー弁当の実績が、すぐに惣菜弁当に活かせる訳ではない。

■経験前に考えていたこと

意見　健康志向のお客さんが多いので、惣菜弁当のニーズがあるはずだ。

経験　カレーの人気店として知られている。最近では遠くからも買いに来るお客さんがいる。リピーターもとても多い。最近始めたカレーとサラダのセットメニューがとてもよく売れる。

感情　（カレー弁当の人気店）誇らしい、（セットメニューが売れて）嬉しい

価値観　お客様満足、ファンの数、おいしい食事、健康に貢献

■経験後に考えたこと

意見　カレー弁当の実績が、すぐに惣菜弁当に活かせる訳ではない。
経験　惣菜弁当の売上は、カレー弁当の五分の一だった。
感情　(想定通りに売れず)がっかり、しまった
価値観　初心に返る、ゼロベースで考える

私たちは、結果に至った原因は行動であると考えます。これが、レベル3「自分の行動のリフレクション」です。レベル4のリフレクションでは、自己の内面に原因を探します。行動の前提には、過去の経験を通して形成された「こうすればうまくいくだろう」という仮説(思い込み)があるからです。

行動の結果が理想と異なるときには、対話を通してお互いの内面のリフレクションを支援しましょう。私たちは自分の思い込みには気づきにくいですが、他人の思い込みを発見するのは得意です。お互いの内面のリフレクションを支援することで、チーム学習の質も高まります。

現状とありたい姿のギャップが大きいときには特に、行動のリフレクションだけでは十分ではなく、自らのものの見方を転換する機会となるレベル4のリフレクションが鍵を握ります。「レベル4のリフレクションをしよう」をチームの合言葉に、経験から学ぶリフレクションを行いましょう。

アンラーンに対話を活かす

アンラーンとは、学んだこと・身についたものを手放すという意味で、「学びほぐす」と表現されることもあります。言い換えると、過去の経験を通して形成されたものの見方や行動様式を手放し、自分では描けない仮説を見つけることです。

イノベーションやトランス・フォーメーションなど、新しいものを生み出すプロセスには、アンラーンが欠かせません。ものの見方を変えて、新しい発想で挑まなくてはいけないからです。

図2-06 リフレクションのレベル

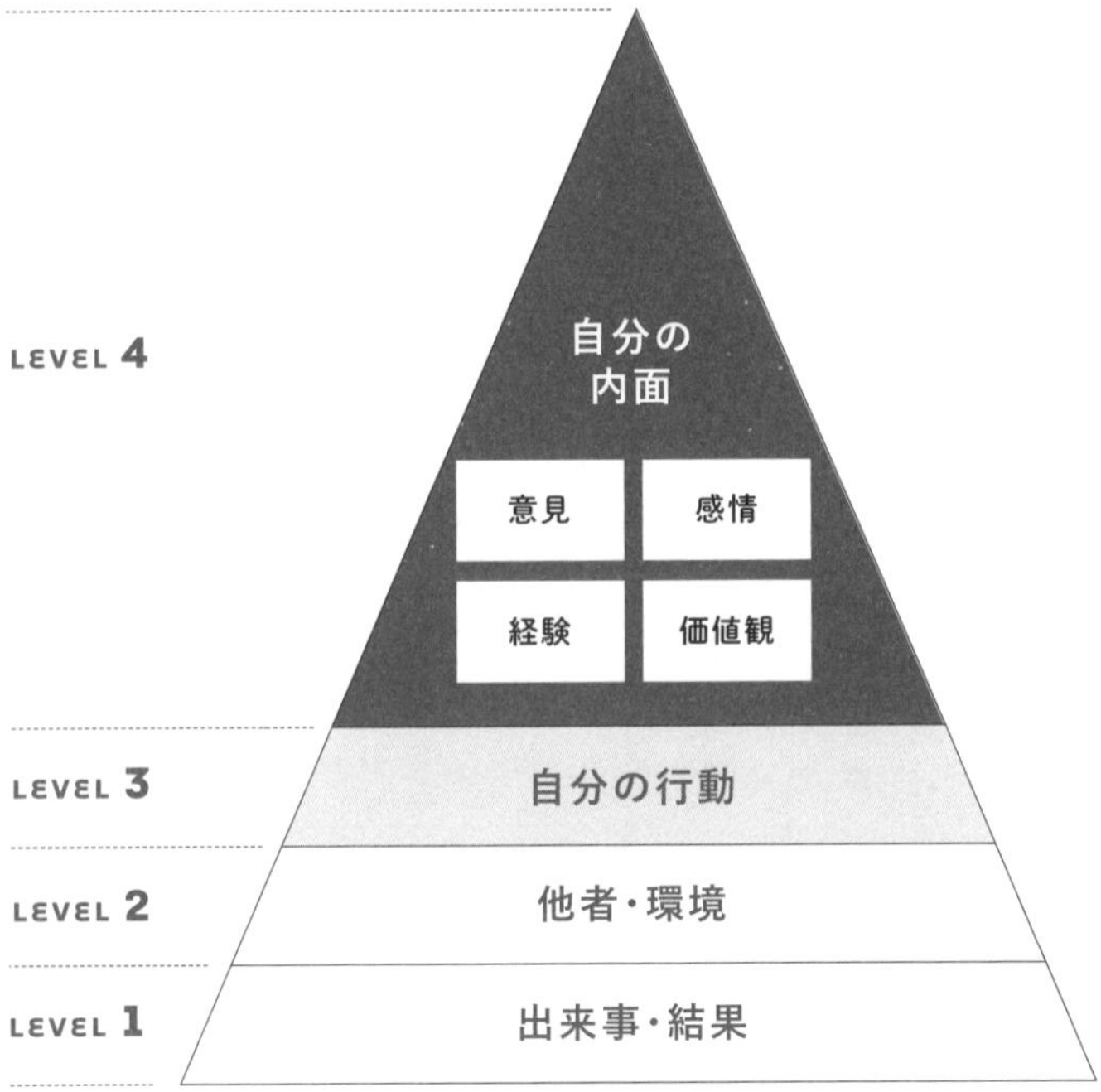

POINT
レベル4の「自分の内面のリフレクション」が
大きな変化を生み出す

ところが、私たちの脳は、新しい何かを生み出すために一生懸命になればなるほど、過去の成功経験や知識を頼ろうとしてしまい、新しい発想は生まれづらくなります。この状況を打破するためにも、対話が役立ちます。

対話を通して多様な価値観やものの見方に触れることで、自分の枠に縛られないで発想することも可能になります。また、お互いの経験やものの見方を組み合わせることで、新しい発想も生まれやすくなります。

例えば、先程のキッチンカーの事例で2人が大切にしていたことは、おいしさと素材にこだわり、お店のファンを増やすことでした。2人は、長く一緒にお店をやっているので、こだわりも考え方も似ています。そこで、他のキッチンカーの経営者と対話してみることにしました。

他の経営者たちには、どんなこだわりがあるでしょうか。

事例

常連が8割の日替わり弁当のA店の経営者

意見

日替わりメニューで、毎日通ってくれる常連さんの期待に応えることに専念している。

経験

日替わり弁当は、お客様のリクエストから生まれたメニュー。週3回買いに来てくれていたお客さんがいたので、「週3日も同じ弁当を食べて飽きませんか」と尋ねたら、「おいしいから、週3日は同じメニューでも食べられる。でも週5日は無理だから、残りの2日はコンビニ弁当で我慢している」と話してくれた。そのことをきっかけに、頑張って日替わり弁当を始めて、今では週5日通ってくれる常連が8割になった。

感情

（週3日通うお客さんとの会話）嬉しい、申し訳ない

（週5日通ってくれる常連が8割）誇らしい

価値観

常連さんの台所になりたい

2人が得た新しい発想

キッチンカーのメニューがカレーなので、週5日通う常連さんはいない。日替わりメニューが常連さんの増加につながるという発想はなかった。

事例 栄養バランスの良い弁当で評判のB店の経営者

意見
栄養バランスを考慮し、健康に寄与することで、健康志向のお客さんのニーズに応えている。

経験
弁当屋を始める前にサラリーマンをしていたが、仕事が忙しく不規則な生活をして体を壊してしまった経験がある。そこで、働く人たちが、忙しい中でも健康でおいしい食事を摂ることができるように、オフィス街でキッチンカーを始めた。玄米ご飯や15種類の食材、薄味、黒ゴマと梅干しは定番。お客さんに「やさしい味がする」と言ってもらえることが嬉しい。お客さんの顔を思い浮かべながら、心を込めて作るようにしている。

感情
(お客さんの元気そうな顔を見ると)嬉しい、(やさしい味と言ってもらえると)嬉しい

価値観
お客さんの健康、おいしくて健康的な食事

2人が得た新しい発想

カレー店から出発しているので、サラダセットをヘルシーメニューと呼んでいたが、B店の話を伺うと、健康な食事についての勉強が足りないことに気づいた。

2人は、他の店舗の経営者との対話を通して発想を広げることができました。これまでの経験により形成されたものの見方に縛られるのではなく、新しい視点を手に入れることができたのは、彼らが、対話の基礎力を備えていたからです。

彼らは、自分たちのこだわりをメタ認知していました。その上で、評価判断を保留にして、傾聴を行いました。他の店舗の経営者の話は驚くことばかりでしたが、対話の基礎力を実践することで、自分の知らない世界に学び、自らのものの見方を発展させることができました。

異なる経験やものの見方を持つ人との対話は、アンラーンを促進する貴重な機会になります。ぜひ、対話の基礎力を活用し、アンラーンを楽しんでください。

心理的安全性と信頼関係のための対話

組織づくりにおいて、「心理的安全性」が重視されるようになってきました。心理的安全性とは、失敗しても、馬鹿にされたりダメな人間だと評価されたりする恐れのない環境のことです。

心理的安全性を最初に提唱したのは、ハーバード・ビジネススクールのエイミー・エドモンドソン教授です。その後、グーグルによるチームの生産性向上のための研究「プロジェクトアリストテレス」で、**生産性の高いチームに共通する特徴は心理的安全性であること**が科学的に証明され、世界中の企業が心理的安全性に注目するようになりました。

誰もが安心して自分の気持ちや経験をリフレクションし、うまくいかないことについてもオープンに対話することができる環境は、大きな目標に向かうチームに欠かせないものです。

心理的安全性を高める環境づくりも、対話から始めましょう。これが本書の提案です。認知の4点セットで対話を行うと、お互いの気持ちや、大切にしている価値観を知ることができます。相手の考えだけを聴くのではなく、相手の気持ちや大切にしている価値観を知ることで、相手との距離は縮まります。この対話を繰り返せば、心理的安全性の土台となる揺るぎない信頼関係が生まれます。

対話が創り出す心理的安全性

心理的安全性のあるチームでは、誰もが、オープンに自分の考えを安心して述べることができます。間違ったらどうしよう、無能だと思われたらどうしよう、メンバーにふさわしくないと思われたらどうしよう、などの心配が一切ない状態です。

心理的安全性が高い環境において、人は、次の2つの視点で安心だと感じることができます。

- 周囲の人に対して、素の自分を見せることを自分自身が受け入れられる
- 素の自分を見せても、周囲の人に受け入れてもらえる

新しい何かを生み出す活動では、頭に浮かんだことを、一ミリも躊躇せずに口に出し、チームに共有できる状態が望ましいです。

前例のない新しいものを生み出す仕事では、スタート地点で正解を持つ人は誰一人いません。チームは、対話を通して多様な意見を共有することで、理想の答えを見出します。

誰もが間違いを気にせず意見を述べられる環境がなければ、チームの多様性も活かされません。また、多様な意見を活かすためには、誰もが自分と反対の意見を、建設

的に受け止めることが鉄則です。

このため、**評価判断を保留にして、相手の意見の背景にある経験や価値観を傾聴する力は、チームの心理的安全性を高める力とも言えます。**

心理的安全性は、みんなでつくる

心理的安全性は組織の文化にならなければ本物ではありません。心理的安全性は、みんなでつくるものです。「Aさんは心理的安全性を感じているが、Bさんは感じていない」という状態では心理的安全性が醸成されているとは言えません。全員が心理的安全性を実感する状態を目指すことが大切です。

対話には、心理的安全性を高める効果があります。しかし、**誰か一人でも心理的安全性の破壊者がいると、心理的安全性は壊れてしまいます。**そして、誰もが破壊者になり得ることを自覚すべきです。自分の無意識の反応が、心理的安全性を破壊する要因にならないために、自己の内面をメタ認知する習慣を身につけましょう。

研修などでこの説明をすると、多くの人は、「そんなことはわかっている」と言います。しかし、繰り返しお伝えします。心理的安全性を脅かす最大の敵は「無意識」の反応であることを、忘れてはなりません。

誰かの話に思わず身を乗り出して「それは違う！」と言いたくなるとき、逆に全く相手の話に興味を持てないとき、なぜか気持ちが揺さぶられてしまったとき、私たちは無意識に反応しているのです。

無意識の反応を止めることはできませんが、自分の精神状態を自覚することはできます。無意識の反応に自覚的であることが、知らず知らずのうちに、チームの心理的安全性を損なうリスクを低減してくれるのです。

無意識に心理的安全性を阻害していないか確認するためには、次のような反応をしていないか、自己点検しましょう。

▼心理的安全性を阻害する反応

- 他者の意見やアイディアを反射的に評価・判断している
- 話を聴く前から「この人の話は聴いても意味がない」と思う
- 自分の常識から外れた意見に遭遇すると、意味不明、くだらない、間違っている、現実的ではないと感じる
- 自分が大事にしている価値観が否定されると、感情が揺さぶられ、相手の意見を否定する衝動に駆られる
- 自分にとって都合の悪い話（例えば、立場が悪くなる、できないことや信条に合わないことを求められるなど）は否定する

対話を通して多くの異なる意見に遭遇する機会を持つことで、これらに対する抵抗感は消えていきます。また、驚きや違和感を覚えたら、もう少し話を聴いてみたいと思えるようになります。

誰もがこのような姿勢で対話を行うと、心理的安全性が破壊される心配はありません。心理的安全性の破壊者にならないために自分の内面をメタ認知し、心理的安全性を阻害する反応が現れそうになったら「なぜ、自分は相手の意見を否定したいのか」「なぜ、今ネガティブな感情が現れているのか」を、自分に問いかけていきましょう。

信頼関係を築くための対話

対話は、メンバー同士の信頼関係を構築するためにも、大切な役割を果たします。お互いに対する信頼関係は、心理的安全性の土台となります。

誰もがリフレクションを行い、自己の内面を語ることができる対話は、お互いの距離を縮めます。対話を通してお互いが大切にしている価値観を知ることで、職業人ではなく、一人の人間としてお互いの魅力に触れることができます。職場で仮面を被っている人も、自己の内面を語るときには、一人の人間になります。お互いの人となりを知ることで、心理的安全性も高まります。

チームの信頼関係を高めるための対話の活用方法については、ハーバード・ビジネススクールのフランシス・フライ教授が提唱する「信頼のトライアングル」と、ダニエル・キム氏が提唱する組織開発の実践論「成功の循環モデル」の2つの理論をもとに解説していきます。

信頼のトライアングル

最初に紹介するのは、「信頼のトライアングル」の実践方法です。

配車サービスのウーバー・テクノロジーの再生で有名なフランシス・フライ教授は、リーダーへの信頼を3つの要素（信頼のトライアングル）で説明しています。この3つの要素は、リーダーに限らず、私たちが誰かと信頼関係を構築する際にも応用できるものです。

1つ目は、ロジックです。相手の判断や能力に対する信頼です。2つ目は、オーセンティティです。相手がありのままの真の姿で、自分と向き合っていると感じるとき、相手に対する信頼感が増します。3つ目は、エンパシーです。相手が、自分のことや、自分の成功を気にかけてくれていると感じるとき、相手に対する信頼感が増します。

対話は、信頼のトライアングルを形成する際にも重要な役割を果たします。では、対話がどのように役立つのでしょうか。

▼ロジック

リフレクションと対話を繰り返すことで、思慮深い判断を行うことが可能になります。多様なものの見方に触れる機会は、多面的多角的に物事を捉え直すきっかけになります。

また、自分の持ち合わせていない情報に遭遇することで、判断の根拠となる事実についても、見直すことが可能です。多様なメンバーとの対話を行うと、自分一人で考えるよりも、賢い判断を行うことができるようになります。

▼オーセンティティ

オーセンティティは、日本語では、信憑性、信頼性、真実性などと訳されます。この言葉自体には馴染みがないかもしれませんが、「よくわからない人を信頼することはできない」「何かを隠していると感じると、相手に不信感を懐いてしまう」という経験は誰もがしているのではないでしょうか。

オーセンティックな人は、ありのままの自分でそこに存在しているので、言動に一貫性があり、信頼できる人であることがわかります。

オーセンティックな人になるために、最初にやらなければならないことは、**自分を知ること**です。対話は、自分を知るためにとても役に立ちます。対話では、自分の意見の背景にある経験、感情、価値観をメタ認知することができます。また、他者の意見についても、意見と共に、その背景にある経験、感情、価値観を傾聴します。

自分と他人との違いを認識することは、自分が何者かを知る上でとても役立ちます。「自分は何者か」という問いを常に頭の片隅に置くと、自分を知る機会も自然と増えていきます。

他人との違いから自分の内面を知る事例を見てみましょう。

事例

Aさんのブレインストーミング経験

意見　心理的安全性を高めると、イノベーションが生まれやすくなる。

経験　アメリカでブレストに出会い、これは良い方法だと思った。参加者全員から「もう結構です」というくらい意見が出たし、誰も「バカバカしい意見だ」などと批判もしなかった。

感情　（アメリカでのブレストの経験）楽しい

価値観　発想が広がる

事例

Bさんのブレインストーミング経験

意見　バカバカしい意見を発言するブレストに抵抗がある。時間の無駄だと思ってしまう。

ブレストでは、本当にありえない意見がたくさん出てくる。最終的に、使いものにならない意見を出し合うのに、9割の時間を費やした。

経験

（バカバカしい意見を堂々と話す様子に）驚き、（時間の無駄に）いらだち

感情

正解、効率、時間の有効利用

価値観

Aさんは、この対話を通して自分とは全く異なる意見を持つBさんの意見に触れ、驚きました。そして改めて、自分が発想の広がりを楽しんでいたことを思い出しました。Bさんは、正解や効率を大切にしたいため、ブレストにはあまり良い思い出がないようです。

このくらい真逆の意見に遭遇するほうが、自分を知る絶好のチャンスになります。**自分とは異なる背景や考えを持つ人との対話は、自分を知る機会**です。こう捉えると、意見の違いも楽しめるようになります。

オーセンティックな人は、自分も多様性の一部であることを理解しているので、多様性を包摂する力も備えています。人は、あらゆる経験を意味づけ、自分なりのこだ

図2-07 自分は何者かを理解する

WORK

他者との違いから自分の内面を知る

ブレインストーミングの経験を例に、
他者との違いを理解してみましょう。

Aさん	
意見	心理的安全性を高めると、イノベーションが生まれやすくなる。
経験	ブレストにアメリカで出会い、良い方法だと思った。アメリカでブレストを行うと、「もう結構です」というほど意見が出るし、誰も「バカバカしい意見だ」などと批判もしない。
感情	(アメリカのブレストを経験した)楽しい
価値観	発想が広がる

Bさん	
意見	バカバカしい意見を発言するブレストに抵抗がある。時間の無駄だと思ってしまう。
経験	ブレストでは、本当にありえない意見がたくさん出てくる。最終的に、使い物にならない意見を出し合うのに、9割の時間を費やした。
感情	(バカバカしい意見を堂々と話す様子に)驚き、(時間の無駄に)いらだち
価値観	正解、効率、時間の有効利用

POINT

同じ事柄に対する意見の違いには、
大切にしている価値観(ものの見方)の違いが表れる

わりを持ち生きています。自分にもこだわりがあり、他者にも別のこだわりがあることを自然だと思える人には、信頼につながる包容力が備わっています。

▼エンパシー

相手が自分のことを気にかけていると感じられるとき、相手に対する信頼が増します。自分の意見を、その内面も含めて傾聴し共感してくれる相手とは、信頼関係を深めることができます。次のように共感力のないコミュニケーションをすると、相手はどう感じるでしょうか。

相手の意見　今の案件が、思ったように進まずに苦労しているんですよ。
私の発言　そうなんだ。

このようなコミュニケーションでは、信頼関係は深まりません。共感力のあるコミュニケーションの事例を見てみましょう。

事例

共感力のあるコミュニケーション

相手の意見

今の案件が、思ったように進まずに苦労しているんですよ。

私の発言

そうなんだ。もう少し、どんな状況か教えてください。

相手の発言（意見・経験・感情）

経営企画では今、パーパスを再定義するためのプロジェクトを進めているのですが、〇〇部門があまり協力的ではなくて、なかなかプロジェクトを前に進めることができず困っています。

私の理解

〇〇部門の協力が得られず、プロジェクトを進められなくて困っているのだろう。

私の発言

そうなんだ。〇〇部門には、どんなアプローチをしているのですか？

相手の発言（意見・経験・感情・価値観）

○○部門では以前にも似たような会議が立ち上がり、かなりの時間を費やしたのにその成果が出なかった経験があるようで、「何のためにやるのか」を何度も聞いてくるんです。納得してくれたら、ものすごく頼りになる人たちだと思うので、今、説得に尽力しています。みんなで気持ちよく、キックオフを迎えたいので。

私の発言

大事な行動ですね。上からの通達ではなく、ちゃんと納得してもらう努力をしているんだ。ある意味、邪魔されている相手なのに、なぜそんな風に誠実に対応できるの？

相手の発言（意見・経験・感情・価値観）

自分も納得しないと動けないほうだし、話を聞いてみると前のプロジェクトが相当いい加減だったようなので、相手が「またかよ〜」と思うのも当然です。メンバーを意味のない仕事に巻き込むリーダーは、信頼を失いますしね。いずれにしても、やるからにはみんなの気持ちを一つにして、プロジェクトのキックオフを行いたいです。

私の理解

納得感や意味のある仕事、リーダーの責任、みんなで一丸となり取り組むこと……などが、大切な価値観なのだろう。

私の発言

大変だと思うけど、誠意は必ず伝わると思うから、もうひと踏ん張り頑張って！

相手の意見を4点セットで聴き取ることができると、相手の内面をより深く理解することができます。相手の意見の背景にはどのような経験があり、どのような気持ちがその経験に紐づいているのか、相手は何を大切にしているのか、認知の4点セットで聴き取りましょう。

自分の意見を、背景となる経験、感情、価値観まで聴き取ってくれると、自分の存在を大切にされていると感じられ、その結果、信頼関係も強化されていきます。

ぜひ、みなさんも、共感力のあるコミュニケーションを実践してみてください。

「関係の質」の高さが、「結果の質」を支える

ダニエル・キム氏が提唱する組織開発の実践論「成功の循環モデル（図2－08）」では、チームの「関係の質」の高さが、チームの「結果の質」を支えることを示しています。なぜなら、「関係の質」が、一人ひとりの思考や感情、行動の質に影響を及ぼすからです。対話は、「関係の質」を高める上で、重要な役割を果たします。意見を伝え合うだけではなく、対話を通して、自分の経験や気持ち、大切にしている価値観を共有できると、「関係の質」は更に上が

図2-08　組織の成功循環モデル

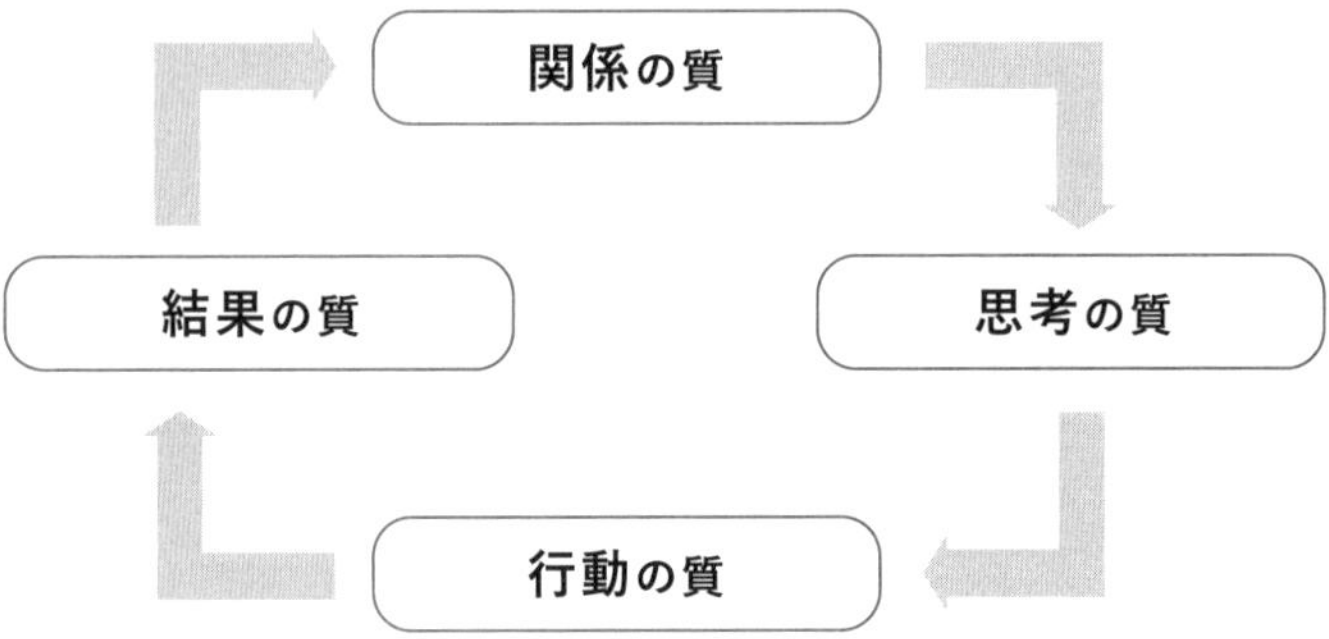

ペガサス・コミュニケーションズ創立者　ダニエル・キム　提唱

ります。その結果、信頼関係も増し、心理的安全性も高まります。
対話するチームの関係性には、3つの特徴があります。

▼対話するチームの関係性　3つの特徴

- リフレクションを共有する関係性
- 相手の気持ちに共感する関係性
- お互いの価値観を理解する関係性

特徴を詳しく見ていきましょう。

■リフレクションを共有する関係性

対話では、自己の内面をリフレクションし、気づきをオープンに話します。うまくいったことだけではなく、失敗や悩みもオープンに話すことができます。自分がどのように見られるのかを気にすることなく、弱さも語ることができます。誰もが、矢印を自分に向けているので、評価モードで他人の話を聴く人は一人もいません。

また、一人でリフレクションするよりも、他者と行うほうが効率的であることを理解しているので、リフレクションを深めるために、誰もが積極的に問いかけます。リフレクションを共有することで、現状を客観視することができ、現状とありたい姿のギャップを埋めるために何をすればよいのかも明らかになります。

■ 相手の気持ちに共感する関係性

対話では、意見のみならず、気持ちについても話します。対話の習慣を持つ人は、同じ場所で同じ経験をしていたとしても、人は同じ気持ちにならないことを理解しています。このため、人の気持ちを評価することに意味がないことも、相手の気持ちに共感する際に感情移入する必要がないこともわかっています。

相手の気持ちに評価を加えず、あくまでも相手はそういう気持ちであるということを受け止めることができれば、相手には共感していることが伝わります。

■ お互いの価値観を理解する関係性

対話では、意見のみではなく、その背景にある判断の尺度を理解することを大切にします。「なぜ、そう考えるのか」を理解するために、どのような経験があるのかを尋ねます。意見の背景にある経験と、その経験に紐づく感情を聴き取ることで、相手が、どのようなものの見方や価値観を大切にしているのかを知ることができると、その人に対する理解が深まります。

対話は、「関係性の質」を高める効果を持ちますが、その目的は、チームが協働して、ありたい未来を創り出すことです。

「関係性の質」が高いと、メンバー一人ひとりが安心してチャレンジし、学習することができるので、「結果の質」も高まります。そのために、リフレクションの共有や共感、価値観の理解の3つに加えて、次の5つのコミュニケーションを実践することをおすすめします。

▼関係性の質を高める5つのコミュニケーション

■挨拶する

挨拶は、コミュニケーションの基本です。難しい対話に挑戦することも大切ですが、日々の小さいコミュニケーションに気を配ることも大切です。

■**名前で呼ぶ**

挨拶をする際にも、「〇〇さん、おはよう」と名前を添えることで、個人的な存在を尊重していることが伝わります。

■**感謝する**

感謝の気持ちは、人を幸せにすると言われています。「ありがとう」は、伝える人も伝えられた人も、そして周囲で聞いている人までも、みんなをポジティブな気分にするパワーを持ちます。リスクテイクの機会が増える今日だからこそ、日頃からポジティブな雰囲気づくりを心がけることが大切です。

■**褒める**

ポジティブなフィードバックには心理的安全性を高める効果があり、失敗をおそれず挑戦する心や、ネガティブなフィードバックを受け止める心の準備になります。相手に関心を持たなければ、褒めるところを見つけることはできません。

褒めるために相手を観察し、相手に関心を持つことで、相手との距離を縮める効果もあります。

■フィードバックする

より良い未来を創造するためには、ポジティブなフィードバックだけでなく、建設的でネガティブなフィードバックも欠かせないものです。フィードバックは、自分では気づくことができないブラインドスポットに気づかせてくれる貴重な情報源です。

お互いを高め合うチームでは、建設的でネガティブなフィードバックを伝えてくれた相手にも、感謝の気持ちを持つことができます。


対話と共に、5つのコミュニケーションを実践することで、「関係性の質」が高まり、「成果の質」も担保されます。

チームが一丸となり、一つの目標を達成するためには、一人ひとりが優秀であるだけでは十分ではありません。「関係性の質」を高め、成果につなげていきましょう。

2章のポイント

▶ メンバーの主体性を上げるためには、それぞれの内発的動機「クリエイティブ・テンション」を共有し高め合う対話が効果的である。

▶ チーム一丸となるために「パーパス」「ビジョン」「バリュー」の自分ごと化が必要である。「なぜ、それが自分にとって大切なのか」をリフレクションし、チームで共有することで、自分ごと化の連鎖が生まれる。

▶ 経験をチームでリフレクションすることで、チーム全体での学びが最大化する。結果や行動だけではなく、そのときの感情や価値観まで振り返ることで、根本にある思い込みにも気づくことができる。

▶ 対話の基礎力である評価判断の保留や傾聴は、心理的安全性を高める力でもある。チームの生産性を上げるためにも対話の基礎力を磨き、心理的安全性の破壊者にならないよう注意する。

第3章

多様性を価値に変える対話

多様性の価値

みなさんは、多様性にどのような価値があると思いますか？
その背景にはどのような経験がありますか？

誰もが「違いを尊重する」ことの大切さを理解しています。しかし、多様性の「価値」を実感した具体的な経験について尋ねると、明確な答えが返ってくることは多くありません。「違いを尊重する」のは素敵なことです。しかし、尊重するだけでは多様性を価値に変えることはできません。

多様な意見を聴き合うことができても、そこから先、どのようにその意見を扱ってよいのか、どうすれば多様な意見を価値に変えられるのか、その方法がわからないと感じている人が多いのではないでしょうか。

あなたにも、次のような経験があるかもしれません。

- 多様な意見が出ることで、収拾がつけられなくなってしまった
- 多様な視点があることで、意思決定に膨大な時間を要した
- 多様な意見をすべて活かそうとした結果、予定調和な結論に至った
- 多様なステークホルダーによる共創を目指していたが、利害の壁が乗り越えられず、全体最適ではなく、部分最適な結論に至ってしまった

「多様性で化学反応を起こしてイノベーションを実現しよう」という掛け声は聞こえるものの、多様性を意識してメンバーを集めてみても、期待する効果が得られないことに悩んでいる人もいるかもしれません。また、「多様性が大事なのはわかるけど、結局同じような考え方の人たちで集まるほうが物事を進めやすい」と感じることも、

あるのではないでしょうか。

ここで誤ってはならないのが、多様性があることは、同質性を排除するのではない、ということです。

実際のところ、多様性を重視する欧米企業においても、多様なバックグラウンドの人が集まるからこそ、企業のカルチャーやパーパスへの共感を重視しています。例えば、グーグルのように世界中に拠点があり、あらゆる専門家がテクノロジーの最先端を持ち寄る場であっても、オフィスやカフェテリア、オリジナルグッズ、アクティビティなどを通じて、経験やスタイルという同質性を高めているのです。チームのバックグラウンドが異なるからこそ、〝Googler〟という共通のアイデンティティに投資しているとも言えます。

ボストンコンサルティングの研究によると、企業のイノベーションにもたらす多様性の価値を調査した結果、多様性のある経営チームのほうが、売上におけるイノベーション比率が圧倒的に高いことが明らかになっています。

図3-01 ダイバーシティの価値

経営層の多様性スコアによる差

イノベーションによる売上高が
売上高全体に占める割合

経営層の多様性スコアが平均未満の企業　　**経営層の多様性スコアが平均以上の企業**

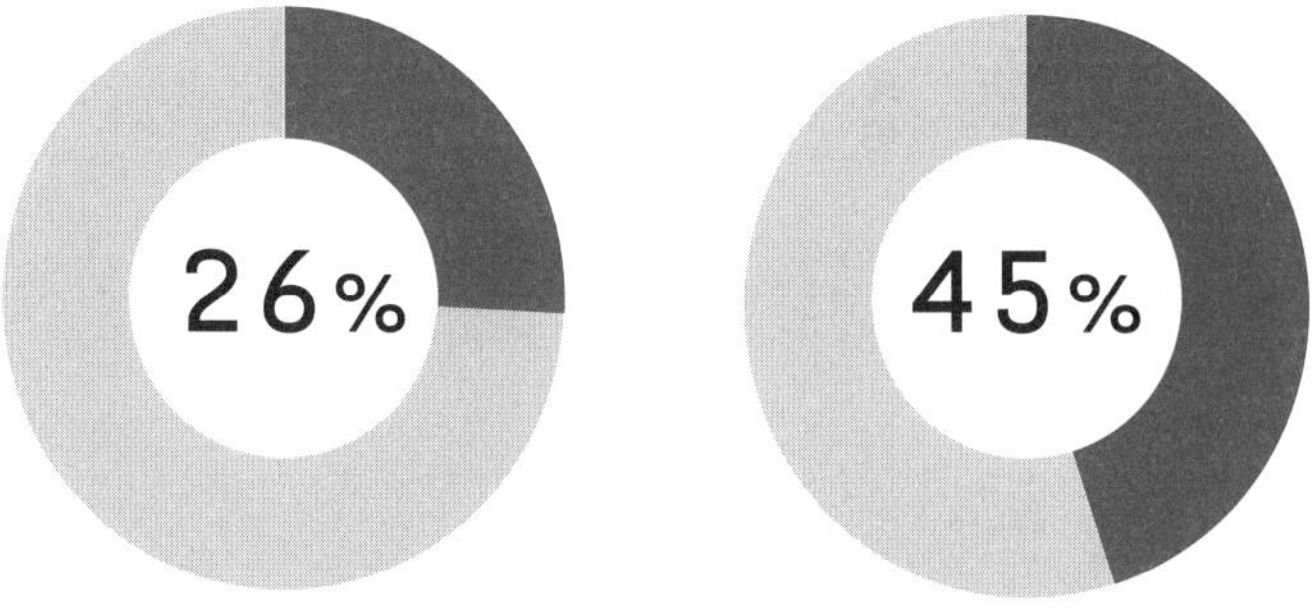

多様性＝性別、年齢、出身国、
キャリアパス、他業界で働いた経験、教育

注：多様性スコアは、Blauインデックスを用いて算出
出所：BCG多様性とイノベーションの関係に関わる調査2017（n＝1,681）

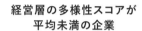

多様性を活かすために、対話が役立つことは言うまでもありません。では、多様性を活かす対話を行うと、多様性をどのような価値に変えることができるのでしょうか。多様性を価値に変える実践方法を紹介する前に、多様性そのものがもたらす4つの価値と、対話が役立つ理由について解説します。

- 斬新なアイディアを生む力がある
- 真実を見る力がある
- 課題を解決する力がある
- 現実を創り出す力がある

▼斬新なアイディアを生む力がある

私たちは、何かを考えるときに、過去の経験と知識を頼りにします。また、創造性を発揮しようと一生懸命になればなるほど、過去の知識や経験を頼る傾向がありま す。自分の小さい枠の中で思考をぐるぐる巡らせていても、斬新なアイディアを生み出すことはできません。

そこで、多様性の出番になります。異なる知識や経験を背景に持つ人と対話することにより、自分の枠の外に出ることができ、発想を広げることができます。

発想を広げる代表的な手法に、ブレインストーミングがあります。ブレストでは、質より量を大事にして、みんなでたくさんのアイディアを出すことに挑戦します。アイディアは、クレイジーでワイルドであるほど歓迎されます。他者のアイディアに触発されて、誰もがアイディアを広げやすくなるからです。そのための大切な掟が、評価や批判をしないこと、つまり対話の基礎力である評価判断の保留です。

ブレストの実践方法については、251ページから詳しく紹介します。

▼真実を見る力がある

私たち人間が一人で認知できる情報量は全体のほんの一部分に過ぎません。私たちは、意識を向けたものに注意を払い、無意識に情報を取捨選択しています。

また、意識を向けて選んだ情報を知覚すると、すぐにその事実に判断を加えます。我々が捉える事実は、過去の経験を通して形成されたメンタルモデルに基づき解釈した事実なので、事実は人によって変わります。つまり、一つではないのです。

今日、私たちが直面している問題は、一人のレンズで捉えられるほどシンプルではありません。問題を多面的多角的に把握するためにも、多様性が不可欠です。

似たようなメンタルモデル（ものの見方）を持つ人たちは、認知する情報も似てきます。同質性の高い集団の弱点は、まさにここにあります。氷山の一角ではなく、物事の全体像（真の姿）を俯瞰するためには、多様なレンズを通して、物事を捉える習慣が大切です。

時には、自分と他人のレンズが見る世界が真逆で、同じ事実に異なる評価が存

図3-02　多様なものの見方が真実を見る力になる

POINT
多様性がないと、
真実を見ることも、全体を把握することもできない

在することもあります。そこにネガティブな反応を示すようでは、他人のレンズを通して事実を見ることができません。このため、対話の基礎である、自己の内面をメタ認知し、評価判断を保留にして、傾聴する対話の基礎力が試されます。

▼課題を解決する力がある

最近では、あらゆる課題解決に、デジタル・トランスフォーメーション（DX）を活かす動きが始まっています。多様性は、DXのように専門領域が異なる人たちで行う課題解決においても、重要な役割を果たします。

多くの場合、一人の専門家の力では、DXを起こすことはできません。例えば、マーケティングのためにDXを活用するのであれば、営業やマーケティングの部門と、データサイエンティストやAIの専門家が一緒になって、付加価値を創造するDXを検討する必要があります。

事業に精通している人たちは、顧客価値を高めるためのアイディアをたくさん持ち合わせています。しかし、どのアイディアがDXに適しているのかを知りません。逆に、テクノロジーやデータに精通している人は、どうすれば顧客価値を高めることができるのかを知らないので、DXを事業モデルの発展に活かすことができません。

異なる専門性を持つ人が集まっても、お互いの知識を共有するだけでは相互学習も生まれず、トランスフォーメーションを起こすことも難しいです。また、異なる専門性を持つ人たちが、目指す姿やパーパスを共有することもなく、ただ一緒にいるだけという様子を見かけることもあります。

課題を解決するために多様な専門家が協働する際には、お互いの役割に敬意を払い、誰もが謙虚であることが大切です。謙虚でない専門家は、チームに優劣の概念を持ち込み、多様な専門家が協働する環境を破壊します。

自分の専門性がチームの成果にどのように役立つのか、各々の専門性にどのような役割を期待するのか、メンバーがお互いの役割に合意していることが、多様性を活かす課題解決に臨むための土台になります。

その前提を持ち対話をすることで、ビジョンやパーパスの共有も、相互学習もスムーズになり、全員の専門性を活かした課題解決を実現することが可能になります。

そのための対話の実践方法については、168ページを参照してください。

▼現実を創り出す力がある

最近では、ビジネスの世界でも社会問題の解決に注目が集まっています。地球規模では、環境や貧困、食料やエネルギー危機など、深刻な問題を抱え、国内でも、少子高齢化や労働人口の減少、地域の過疎化、格差など、問題は山積です。

社会問題を解決する際に多様性を無視することはできませんし、どれだけ力のあるリーダーでも、一人では理想的な社会を実現することはできません。なぜなら、**様々な利害関係者が、一つの現実を創り出しているからです。**その現実を創り出している人々が、全員で問題解決に取り組む必要があります。

問題解決に積極的に参加しなかったとしても、問題解決の過程では、誰もが何かしらの変化を求められることになります。

多様な利害関係者が協働して社会問題の解決に取り組むためには、対話を通して、問題の生まれる構造に自分自身がどのように影響を与えているのかを、俯瞰して理解する必要があります。

対話が不足すると、多様性の価値は得られない

多様性が存在しても、対話の力が不足していると、前述したような多様性の価値を享受することはできません。

次の項目からはいよいよ、多様性を活かすための４つの対話の実践方法を紹介します。

多様性の壁を乗り越える対話

多様性は、人と人の間に壁を創ります。この壁を乗り越える対話の実践方法を紹介します。

多様な判断軸を融合する対話

多様な意見を融合させるポイントは、意見の背景にある判断軸（価値観）に注目する

ことです。判断軸（価値観）を融合させる対話の実践方法を紹介します。

▼具体と抽象を往来する対話

多様な意見を融合させるもう一つのポイントは、具体と抽象の往来にあります。部分最適と全体最適の二項対立になりやすいのは、この力が不足しているからです。視点を、上位概念に移行させるための対話の実践方法を紹介します。

▼多様なレンズで問題を捉える対話

一人のレンズでは、真実のすべてを捉えることは不可能です。多様なレンズを活かす対話の実践方法を紹介します。

自分とは異なるものの見方を持つ人々と対話をして、一人では成し遂げられない価値創造をしていきましょう。

多様性の壁を乗り越える対話

多くの話し合いでは、結論を急ぐあまり、多様な意見が表に出ないまま会議が終わってしまいがちです。また、私たちはお互いの「違い」よりも「共通点」に意識を向ける傾向があるため、多様な意見が出難いこともあります。

多様性には違和感がつきものです。この違和感、つまり「壁」を乗り越えた先に、真の多様性の価値があります。

対話には、壁を溶かす効果があります。本書では、多様性を活かす阻害要因となる4つの壁の溶かし方を解説します。

- 言語の壁：言葉の定義や解釈が異なり、理解がズレる
- 行動様式の壁：行動様式が異なり、良い・悪いの評価や快・不快の感覚がズレる
- 評価基準の壁：意見が合わず対立する
- カルチャーの壁：大切にしている理念やカルチャーが異なり、違和感を覚える

これらの4つの壁を溶かすために、認知の4点セットと対話の基礎力をどのように活かせばよいでしょうか。一つずつ事例を見ていきましょう。

なお、多様性の壁を乗り越えるためには、違いや違和感について言葉にできる関係が構築されていることが前提です。第2章の心理的安全性と信頼関係のための対話（117ページ）を行った後に、これから紹介する対話に挑戦してください。

言語の壁

言葉の解釈をすり合わせる

言語の壁は、共通言語である日本語で話しているときにも存在します。私たちは、

言葉に解釈を加えて理解をすることが当たり前だからです。

お互いに意見が一致したと思い込み、物事に一緒に取り組んでいても、実はお互いが全く違うことを考えていた、という経験はないでしょうか。

例えば、AさんとBさんが共に「エビデンスが必要」という一致した意見を持っているとします。しかし、二人が抱く「エビデンス」に対するものの見方は、異なる可能性もあるのです。

このような状況を防ぐためには、早い段階で対話を重ねて、意見の背景を確認することが有効になります。

事例

Aさんの理解

意見　エビデンスとは、数値で表されるもの。分析できるデータがあることで、エビデンスがあると言える。

経験　研究者であるAさんは、常に数値で表されるデータに基づく研究を行ってきた。

事例 Bさんの理解

意見 事柄によっては、定性的な情報もエビデンスとして扱うことができる。

経験 営業パーソンのBさんは、顧客については、数値で表されるデータだけでなくペルソナ情報も大切にしていた。

この対話を省略して、AさんがBさんにエビデンスの収集を依頼したら、どんな結果になるか、もうおわかりですね。

バックグラウンドの違う人と一緒に仕事をする際には、**大切な言葉について、認知の4点セットを活用した対話を行ってみてください。**相手の経験と価値観を理解することで、簡単に言葉の壁を乗り越えることができます。

行動様式の壁

行動の背景を理解する

協働する仲間の行動様式に対して違和感を覚えるときには、恐らく相手も自分に対して、なんらかの違和感を持っているはずです。誰もが気持ちよく協働できるチームになるためには、この壁を乗り越える必要があります。

素直に、相手の行動様式のほうが良いと思えるときには、自分の行動様式を相手に合わせればよいです。そのために、相手に支援を求めても良いでしょう。しかし、もし自分の行動様式のほうが望ましく、相手に違う行動様式を望むのであれば、対話を行いましょう。

自分がどのような経験を持ち、どのような行動様式を大切に感じているのか、その行動様式がもたらす価値がどのようなものなのかを伝え、チームで共通認識を確立しましょう。

事例

Aさん・Bさんの意見

Aさん：会議では、自分の意見を率直に述べることが大切。

Bさん：会議では、状況に合わせてトーンを変えることが大切。

事例

Aさん・Bさんの経験

Aさん：外資系企業出身で、上司から「会議で自分の意見を述べないと、存在していないのと同じだよ」と言われて育った。

Bさん：日系大企業出身で、上司から「意見を述べていい会議とそうでない会議があるので、注意したほうがいい」と言われて育った。

この事例では、オープンでフラットな企業風土で議論に参加してきたAさんと、ヒエラルキー的な企業風土で育ったBさんが持つ価値観の違いが背景にあるようです。Aさんと Bさんが協働する際には、この違いを放置せず、「どんなカルチャーを一緒に創りたいか」「どんな行動様式を約束ごとにしたいのか」を話し合うことで、行動様式の壁を乗り越えることが可能になります。

お互いの行動様式が違うときには、それぞれにその背景となる経験があります。また、その行動様式を支える大切な価値観が存在する場合があります。対話を通して、**お互いの行動様式の背景にある経験と価値観を知ることで、異なる行動様式を理解す**

ることができます。

誰もが心地よく働くためには、お互いに譲れない行動様式についてオープンに話し、良い成果を上げるために欠かせない行動様式を一緒に決めることをおすすめします。行動の前提には、思考、感情、価値観が存在します。このため、価値観レベルで合意形成を行い、行動様式を合わせることが理想です。

認知の4点セットを使って、行動様式の背景にある価値観を照らし合わせてみましょう。

事例

Aさんの行動様式の背景にある価値観

経験

以前働いていた会社では、自分の考えを述べることが常に期待されていたし、チームで良い成果を上げるために誰もが主体的に貢献することが期待されていた。また、考えは「発展するもの」と考えられていたので、最初から正解を述べる必要はなく、対話を通して正解を見出すことを目指していた。正解を持っていなくても、自分なりに意見と理由を述べることが歓迎されていた。

感情　（考えたことを率直に話し、聴いてもらう）嬉しい、（みんなで正解にたどり着く）嬉しい
価値観　率直に話す、正解はみんなで創る

事例　Bさんの行動様式の背景にある価値観

経験　以前の会社では、会議は活発な議論の場ではなく、結論は上層部の意見に集約されていた。会議は決まった型で進むことが望ましく、逸脱すると事務局が責められる雰囲気だった。20代のときに、ある企画の担当者として会議に参加し、「君の意見は？」と聞かれて正直に話したところ、後で上司から「空気を読んで話すように」と指導を受けた経験がある。それ以来、会議では本音を話さないことにしている。
感情　（本音を話して）残念
価値観　空気を読む、上位者の意向を尊重する

「なぜ、その行動様式を大事にしているのか」について、お互いの経験も合わせて共有することで相互理解が進み、行動様式のすり合わせも容易になります。相手の行動

様式に違和感を覚えたら、不満を持つのではなく、対話から始めてみてください。

評価基準の壁

判断のズレをなくす

評価基準（良い悪いの評価基準）のズレを放置しておくと、誰も幸せになりません。行動様式の壁と同様に、対話を通して、一緒に守るべき評価基準について合意形成を行う必要があります。

事例

Aさん・Bさんの意見

Aさん：社内でも、説明には丁寧な資料づくりが大事。
Bさん：社内では、簡素な説明資料で十分。

事例

Aさん・Bさんの経験

Aさん：Aさんが勤める会社では、社内会議でも完璧な資料を使った説明が求められる。手抜きは許されない。

Bさん：Bさんが勤める会社では、意思決定のスピードが評価される。このため、良質な意思決定をスピーディに行える、シンプルで本質的な資料を用意すると高く評価される。

AさんとBさんは、社内会議の資料のあり方に対して異なる意見を持っています。これから一緒に仕事をしていく上で、完璧な資料とシンプルな資料のどちらを優先するべきか、合意形成を行う必要があります。

社内会議の資料作成の目的は何か。その目的を満たすために、どちらの資料が望ましいか。対話を通して、合意形成を行うことができると、気持ちよく仕事を進めることができます。

合意形成の実践方法については、169ページで詳しく紹介します。

カルチャーの壁

一緒に実現したいカルチャーを明らかにする

カルチャーは、バリューと行動様式を体現する集団の姿を投影します。カルチャーが明確な組織に身を置くと、誰もがそのカルチャーに染まります。カルチャーは、どんなバリューを大切にして、どのような行動様式を重んじることが望ましいのかをメンバーに伝える力を持ちます。カルチャーは暗黙知として存在する場合も多く、メンバーは無意識に、カルチャーにフィットした行動をとるようになります。長く一つの組織に身を置くと、カルチャーを自分と切り離すことができず、カルチャーをメタ認知できない場合も多いです。

カルチャーの壁を越えるためにまず行うことは、**自分が体現しているカルチャーをメタ認知すること**です。そのためには、異なるカルチャーを重んじる他者と対話することが有益です。

事例
Aさん・Bさんの意見

Aさん：フラットでオープンなカルチャーが常識。
Bさん：目上の人を立てることが常識。

事例
Aさん・Bさんの経験

Aさん：前の会社はベンチャーだったので、フラットでオープンなのが当たり前だった。
Bさん：いわゆる「体育会系」で育ってきたので、目上の人を立てる習慣が身についている。

協働する仲間の体現しているカルチャーに違和感を覚えたら、対話を通して、カルチャーの違いを明らかにしましょう。**カルチャーは、行動、態度、思考、感情、理念の一貫性により形づくられるものです。**目に見える言動や態度のみならず、その背景にある理念に意識を向けることも忘れないでください。

事例

Aさんの体現しているカルチャー

行動　上司も「さん付け」で呼び、思ったことをオープンに話す

態度　フラットな雰囲気で上司にも接する

思考　上司に意見を述べるときには、自分の考えを率直に話す

感情　上司も、率直な意見を歓迎してくれる安心感がある

理念　誰もが率直に考えを述べる組織が望ましい

事例

Bさんの体現しているカルチャー

行動　上司には、自分の意見を述べない

態度　上司を立てる

思考　上司の意向に沿った考えが大事

感情　上司とのコミュニケーションには、緊張感がある

理念　上司の意向を尊重することが望ましい

このように、カルチャーをブレイクダウンして共有することで、お互いが何を大切にしているのかを正しく理解することができます。その上で、どんなカルチャーを一緒に実現したいのかを話し合いましょう。

共に体現するカルチャーの姿が明らかになったら、**チームで定期的にリフレクションを行い、自己点検しましょう。**過去のカルチャーが時々姿を現すようであれば、過去の成功体験を手放すアンラーンも必要かもしれません。

多様性には、必ず壁が存在します。壁を乗り越えるために大切なことは、違和感を放置しないことです。違和感を覚えたら、対話を行い、その理由を顕在化させましょう。そして、共に活動するために、何で合意する必要があるのかを話し合ってください。対話の基礎力が役立つはずです。

多様な判断軸を融合する対話

話し合うと多様な意見が出すぎて、収拾がつけられなくなった……という経験はないでしょうか。

創造的な活動には、発想を広げる拡散と、結論を見出す収束の大きく2つの工程があります。発想を広げる工程では、多様性は素晴らしい仕事をしてくれますが、一つの解に収束させる工程では、多様性を厄介な存在だと感じるかもしれません。

お互いの存在や意見を尊重し合うだけでは、多様性の真の価値は発揮されません。

そこで、多様性を融合させ、価値創造に結びつけるために、対話がどのような役割を果たすのか、合意形成のステップを順に解説します。

多様な判断軸を融合する合意形成のステップ

対話による合意形成は、次のようなステップで進んでいきます。

1 意見を出し合う
2 背景にある経験と価値観を共有する
3 意見の背景に、他にも価値観がないかを洗い出す
4 価値観を整理する
5 話し合いの目的で合意する
6 話し合いの目的に照らして価値観に優先順位をつける
7 結論を出す

まずはシンプルな例として、次のページの図3－03「①と②のどちらが長いか」について合意形成のステップを追っていきましょう。

図3-03　判断軸について合意する

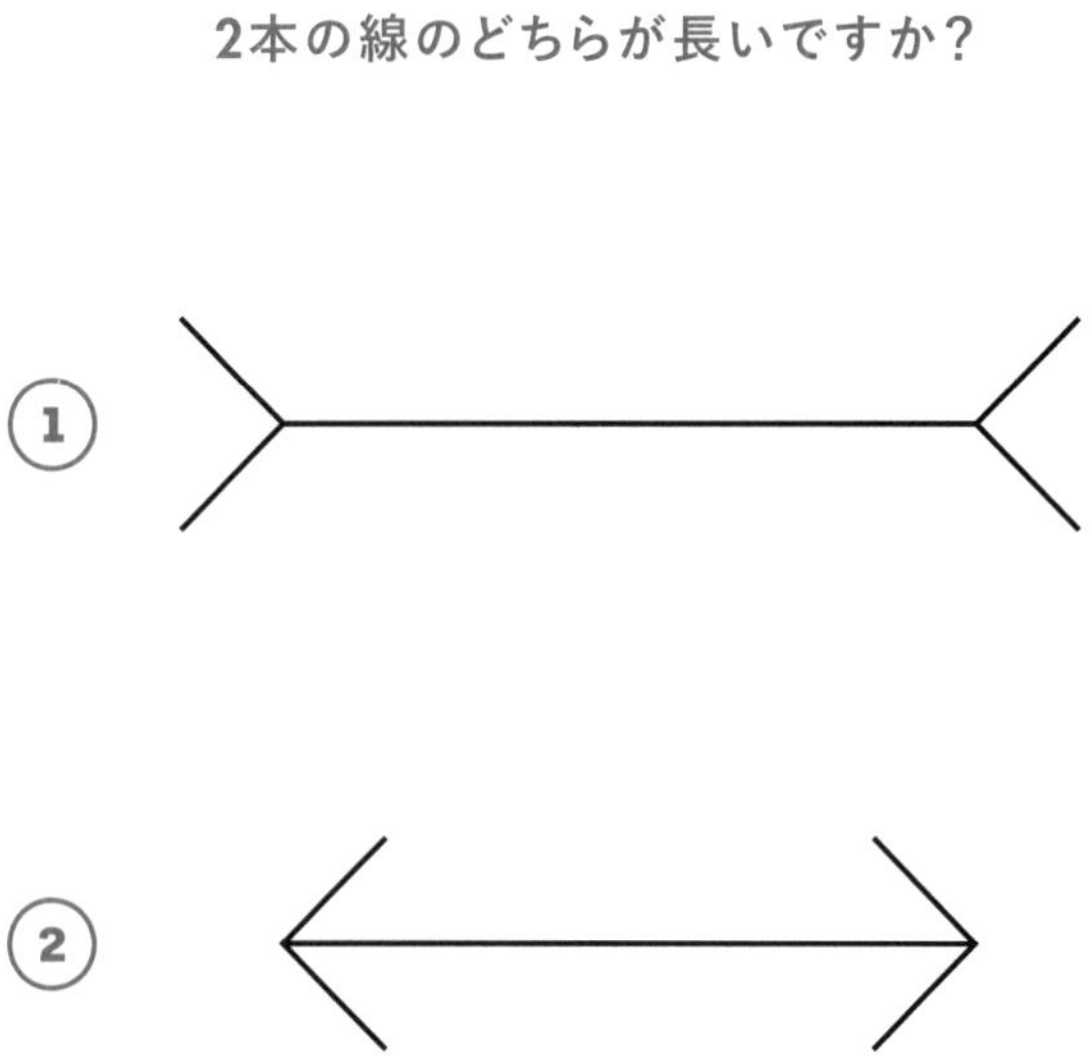

事例

▼シンプルな合意形成

▼ステップ1　意見を出し合う

Aさんの意見　①が長い

Bさんの意見　①と②は同じ長さ

▼ステップ2　背景にある経験と価値観を共有する

ステップ2は、ディベートと対話の分かれ道です。ディベートでは、自分の外に根拠を求めますが、対話では、自分の内に根拠を求めます。

■広告デザイナー　Aさんの意見の背景

意見　①が長い

経験　長く見えるから

価値観　視覚・見え方

■建築家　Bさんの意見の背景

意見　①と②は同じ長さ

経験　測定してみると同じだったから

価値観　測定値

今回はシンプルな例なので、「ステップ3　意見の背景に、他にも価値観がないかを洗い出す」と「ステップ4　価値観を整理する」は、省略します。

▼ステップ5　話し合いの目的で合意する

意見の背景にある価値観は、判断の尺度です。この判断の尺度を融合させることが、対話における合意形成です。

①と②のどちらが長いかという問いに、広告デザイナーのAさんは「視覚」、建築家のBさんは「測定値」を、それぞれ判断の尺度に用いました。

合意形成では、意見の背景にある判断の尺度に用いた価値観の違いに注目し、判断の尺度について合意することを目指します。

用いる判断の尺度は、目的により変わるため、判断の尺度を選定する際には、まず、最初に、話し合いの目的で合意する必要があります。

Aさんの判断の尺度　「測定値」建築図面を設計するために大切な価値観
Bさんの判断の尺度　「視覚」ポスターをデザインするために大切な価値観

AさんとBさんは、異なる目的を前提に意見を述べていたことがわかります。そこで、この話し合いの目的に立ち返り、合意形成を目指します。

この話し合いの目的は、「建築図面における長さの定義」なのか、「ポスターのデザインが人からどう見えるのか」の話なのか。対話の目的で合意できれば、価値観の優先順位をつけることが可能になります。

▼ステップ6　話し合いの目的に照らして価値観に優先順位をつける

■目的が建築図面の場合：測定値
■目的がポスターのデザインの場合：視覚

▼ステップ7　結論を出す

目的　ポスターのデザイン
合意した価値観　Aさんの「視覚」

今回の目的はポスターのデザインだったので、Aさんの価値観「視覚」で合意しました。

多様な意見を融合させるために鍵を握るのは、認知の4点セットの価値観の部分です。意見の背景にある価値観は、判断の尺度や基準であり、判断に用いるものの見方です。

私たちの意見が異なるのは、意見を形成する際に用いる判断の尺度やものの見方が異なるからです。普段の対話でも、異なる意見に遭遇したら自分が用いている判断の尺度をメタ認知し、他者の意見の背景にある価値観やものの見方に意識を向けて傾聴することで、合意形成のヒントを得ることができます。

図3-04 シンプルな合意形成

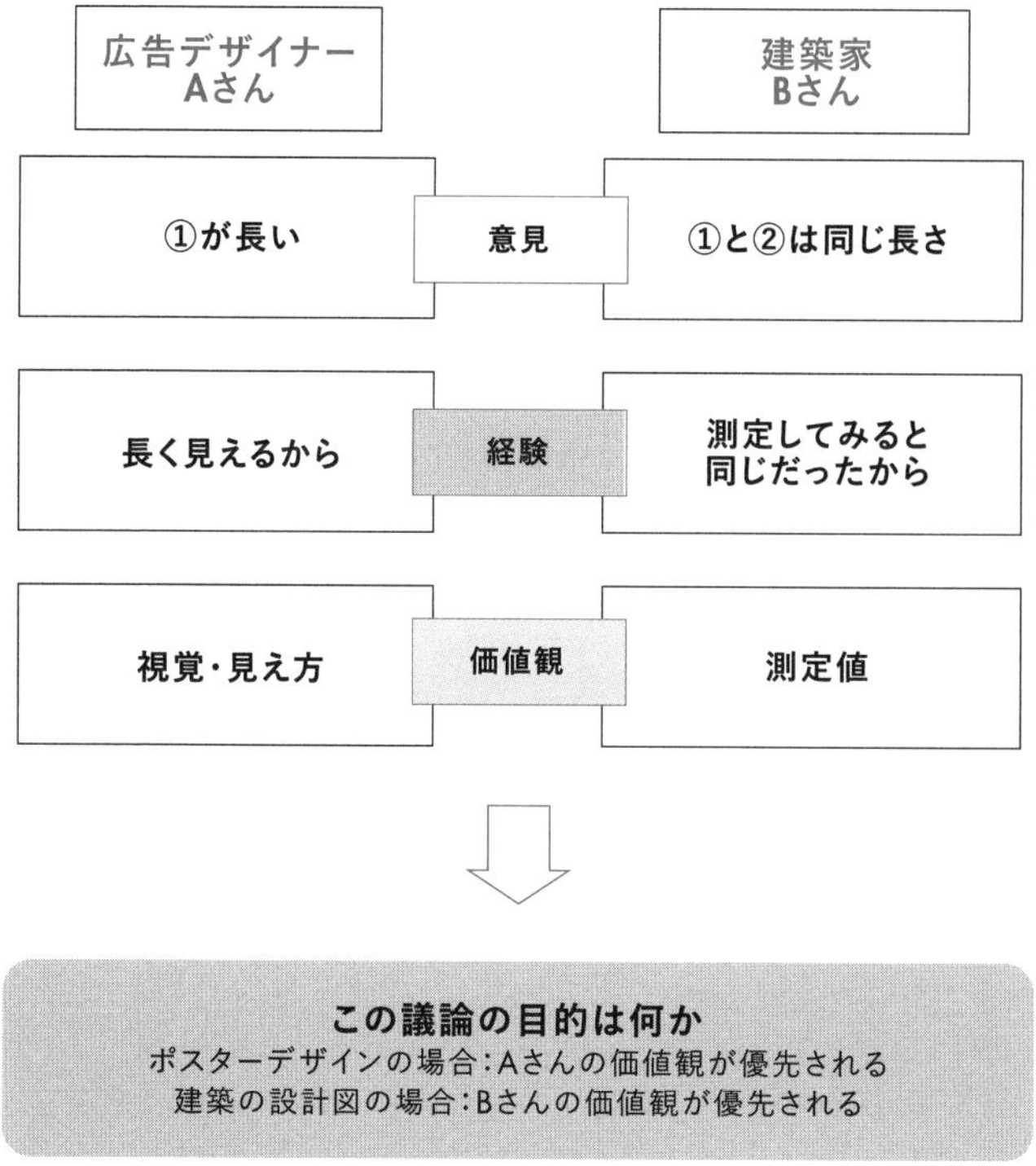

POINT

議論の目的によって、優先される価値観は変わる

事例

多様な判断軸を融合する対話　どの山に登るか

次に、より複雑な合意形成の例として、「集合知を活かす対話」の事例を見てみましょう。AさんとBさんとCさんは、同窓会で登山を企画し、どの山に登るかを検討しています。

ステップ1　意見を出し合う

Aさんの意見　大山がいい

Bさんの意見　高尾山がいい

Cさんの意見　穂高岳がいい

ステップ2　背景にある経験と価値観（判断軸）を共有する

■Aさんの意見

意見　大山がいい

経験　傾斜が比較的穏やかで初心者にも登りやすく、ハイキングを楽しめる。複数のルートがあるので、参加者の希望に合わせて難易度も変えることができる。

判断軸　初心者でも楽しく登れる、難易度も選べる

■Bさんの意見

意見　高尾山がいい

経験　2時間以内で登れるので、日帰りでゆったり楽しめる。舗装されている道もあり普通のスニーカーでも登れるので、登山に慣れていない人でもハイキング気分で参加できる。

判断軸　所要時間が短い、登山靴がいらない、ハイキング的な登山

■Cさんの意見

意見　穂高岳がいい

経験　山登りが趣味なので、切り立つ岩稜を歩くチャレンジが楽しい。山荘に泊まるのも楽しみの一つ。山頂から朝日を眺めるのも、気持ちが良い。

判断軸　本気の山登り、山荘泊、朝日

▼ステップ3　意見の背景に、他にも価値観（判断軸）がないかを洗い出す

Aさんの判断軸　初心者でも楽しく登れる、難易度も選べる

Bさんの判断軸　所要時間が短い、登山靴がいらない、ハイキング的な登山

Cさんの判断軸　本気の山登り、山荘泊、朝日

■追加の判断軸を考える

- 住んでいる場所からの距離
- 全行程の日数（宿泊の有無、日数）

▼ステップ4　価値観（判断軸）を整理する

- 登山の難易度：ハイキングから本気の登山まで
- メンバーのレベル：初心者から登山家まで
- 登山用品の準備：登山用品の準備の有無
- 登山の所要時間：3時間程度から山荘泊有り

■住んでいる場所からの距離
■全行程の日数：日帰り、宿泊、日数

▼ステップ5　話し合いの目的で合意する

この事例では、登山の目的で合意形成ができていないことがわかります。メンバーが誰で、何の目的で登山にいくのか、合意する必要があります。

大山を提案したAさんと高尾山を提案したBさんは、みんなが初心者であることを念頭にハイキングを想定していました。

一方、穂高岳を提案したCさんは、登山が大好きで、山頂からの朝日をみんなで眺めたいと思いました。そして、みんなの登山歴を考慮せず、登山靴や登山用品を持っていない人がいることもすっかり忘れていました。話し合いの目的が定まらないと、3人は合意を形成することができません。

原点に立ち返り、そもそも何のために登山の話をしているのかを考え、次の通り、話し合いの目的を定義しました。

話し合いの目的

同窓会に参加するみんなが楽しめて、親睦を深められる山登りを企画すること

▼ステップ6　話し合いの目的に照らして価値観（判断軸）に優先順位をつける

■判断軸の優先順位を決める

1 メンバーのレベル（初心者と中級者）
2 難易度（ハイキング）
3 所要時間（3時間程度）
4 準備（登山用品の準備不要）
5 住んでいる場所からの距離（近いほうが良い）
6 全行程の日数（日帰り・宿泊）

■判断軸から選択肢を評価する

■メンバーのレベル：メンバーは初心者と中級者で、初心者のほうがやや多い
■難易度：初心者もいるので、ハイキングが望ましい
■所要時間：大山も高尾山もハイキングコースがあり、所要時間が長いのは大山
■準備：ハイキングなら、登山用品を用意する必要がない
■住んでいる場所からの距離：高尾山は、参加者の中心地点である新宿から近い
■全行程の日数：日帰り希望

▼ステップ7　結論を出す

結論　高尾山に登る

理由
■初心者でも楽しめる
■往復3時間程度で登れる
■登山口までの交通アクセスが良い
■登山のための準備がいらない
■ゆったりと日帰りができる

合意形成とは、バラバラな意見が一つにまとまり、多様なステークホルダーの意見が一致した状態を意味します。

合意形成を目指す対話では、意見そのものに注目するだけではなく、意見の背景にある判断の尺度に意識を向けます。他者の意見の背景には、自分が気づいていなかった判断基準が存在することも多く、対話を行うことで、集合知のパワーを実感することができます。

図3-05 判断軸ごとの評価

	大山	高尾山	穂高岳
日帰り	○	○	×
メンバーのレベル初心者可	○	○	×
登山の難易度	ハイキング ○	ハイキング ○	登山 ×
登山の所要時間	上り 2時間20分 下り 1時間40分 △	上り 1時間40分 下り 1時間30分 ○	上り 8時間20分 下り 6時間30分 ×
登山の準備	不要 ○	不要（ルートによっては必要） ○	必要 ×
登山口までのアクセス（家からの所要時間）	新宿から電車で約60分 →バスで30分 △	新宿から電車で約50分 ○	東京から新幹線で1時間50分 →バスで1時間30分 ×
日帰り	○	○	×

具体と抽象を往来する対話

前例のない時代には、ありたい未来を自分たちの手で創り出す力を、高め続ける必要があります。そのために必要なのが具体と抽象を往来する対話の力です。

私たちは、つい具体的な要素（経験など）に注目して、変化を生み出そうとしてしまいます。しかし、**具体的な事柄を抽象化し、理論や法則に変えてこそ、創造につながっていくのです。**

正解のある時代では、対話力よりも、行動力が成果を生みました。このため、これまでは、チーム活動においても、ＷＨＡＴとＨＯＷを明確に具体化して、分業で実行する行動力があれば、対話力がなくても一定の成果を出すことができました。

しかし、チームに創造力が期待される今日では、WHY、HOW、WHATの3点セットが必要です。

WHYは、抽象概念です。パーパスもその代表例です。先述したグーグルの事例の通り、チームの多様性が高まると、WHYにあたるパーパスがチームの同質性を担保する大切な架け橋となります。

「このチームが世界から消えたら、世界は何を失いますか」という問いからパーパスを定義づけても、それを具体的に現実の製品やサービスに反映しなければ、パーパスの存在価値がありません。

そのため、具体と抽象を往来する対話は、チームによる創造活動には欠かせなくなっているのです。

認知の4点セットを活用する対話では、経験が具体に、価値観が抽象に該当します。認知の4点セットを活用すると、経験に紐づく価値観を言語化できるため、簡単に具体と抽象を整理し、往来することができます。

自らもアントレプレナーで、『Running Lean 実践リーンスタートアップ』（オライリージャパン）の著者でもあるアッシュ・マウリャは、起業家の指導を行う中で、「多くのスタートアップが失敗してしまうのは、WHYを考えず、いきなりWHATとHOWから始めるからだ」と述べています。

アッシュは、事業やサービスの存在理由を定義しなくても、製品やサービスを具体的に考えることができるため、WHYが置き去りになると言います。

チームで新しい何かを生み出す活動は、計画通りに進むことはありません。WHYは、軌道修正を行う際にも道標の役割を果たします。

ここからは、具体と抽象を往来する対話のステップを解説していきます。ステップは、「具体と抽象に分ける」「具体と抽象を往来する」の2つです。

事例

具体と抽象を行き来する事例

「困っているお年寄りを助けたい」というテーマで、みんなが何を実現したいのかを話し合うと、次のような意見が出ました。

- 電車に一人で乗るお年寄りを助けたい
- 一人暮らしのお年寄りを助けたい
- お年寄りにいつも笑顔でいてほしい
- お年寄りと離れて暮らす家族を助けたい

ステップ1　具体と抽象に分ける

挙がった意見を、抽象（WHY）と具体（WHAT、HOW）に仕分けます。

抽象
- お年寄りにいつも笑顔でいてほしい

具体
- 電車に一人で乗るお年寄りを助けたい
- 一人暮らしのお年寄りを助けたい
- お年寄りと離れて暮らす家族を助けたい

▼ステップ2　具体と抽象を往来する

ステップ1で整理した意見をもとに、具体と抽象を往来する問いを立てます。なお、ここで紹介するのはあくまでも問いの一部です。この他にも、たくさんの問いを考えることができます。

■抽象を更に抽象へ（WHY↓WHY）

抽象的な意見について、更に上位概念に向かう問いかけをします。具体的な経験談が出てきたら、更に、なぜ（WHY）の問いかけを続けます。

■なぜ（WHY）お年寄りに笑顔でいてほしいのか

■抽象を具体へ（WHY↓WHAT・HOW）

抽象的な意見について、具体的な状況や方法を尋ねます。

■お年寄りが、笑顔になれないときはどんな状況（WHAT）のときか

■どうすれば（HOW）お年寄りを笑顔にできるのか

■具体を更に具体へ（WHAT↓WHAT）

具体的な意見について、更に具体に落とし込む問いかけを行います。

■電車に一人で乗るお年寄りは何に（WHAT）困っているのか
■一人暮らしのお年寄りは、何に（WHAT）困っているのか
■お年寄りと離れて暮らす家族は何に（WHAT）困っているのか

■具体を抽象へ（WHAT↓WHY）

具体的な意見について、どうしてそう思うのかを尋ねます。具体的な経験談が出てきたら、更に、なぜ（WHY）の問いかけを続けます。

■なぜ（WHY）電車に一人で乗るお年寄りを助けたいのか
■なぜ（WHY）一人暮らしのお年寄りを助けたいのか
■なぜ（WHY）お年寄りと離れて暮らす家族を助けたいのか

このように、具体と抽象を往来する問いかけを行うことで、WHY、HOW、WHATについての考えを深め、発展させることができます。KSF（重要成功要因）が

行動力のときはHOWとWHATが大事ですが、KSFが創造力のときには、WHY、HOW、WHATの3点セットが必須です。

パーパスやビジョンを形成する対話や、コンセプトを具体的なデザインに落とし込む対話、ビジョンに基づくアクションを決める対話など、未来を創造する対話では、無意識に具体と抽象の往来を行っているはずです。

本書で紹介している認知の4点セットは、具体と抽象を同時に扱うためのツールでもあります。経験が具体で、価値観が抽象です。合意形成の過程で、価値観が要であることは、多様な判断軸を融合する対話（168ページ）で説明した通りです。抽象概念を扱えることは、多様性を価値に変えるための鍵となるのです。

無意識に行っている具体と抽象の往来を、意識的に行うことで、具体と抽象の往来をスピーディに行えるようになります。そのためにも、リアルタイム・リフレクションで、「今、自分の思考が何を扱っているのか」をメタ認知する習慣を持ちましょう。

図3-06 具体と抽象の往来

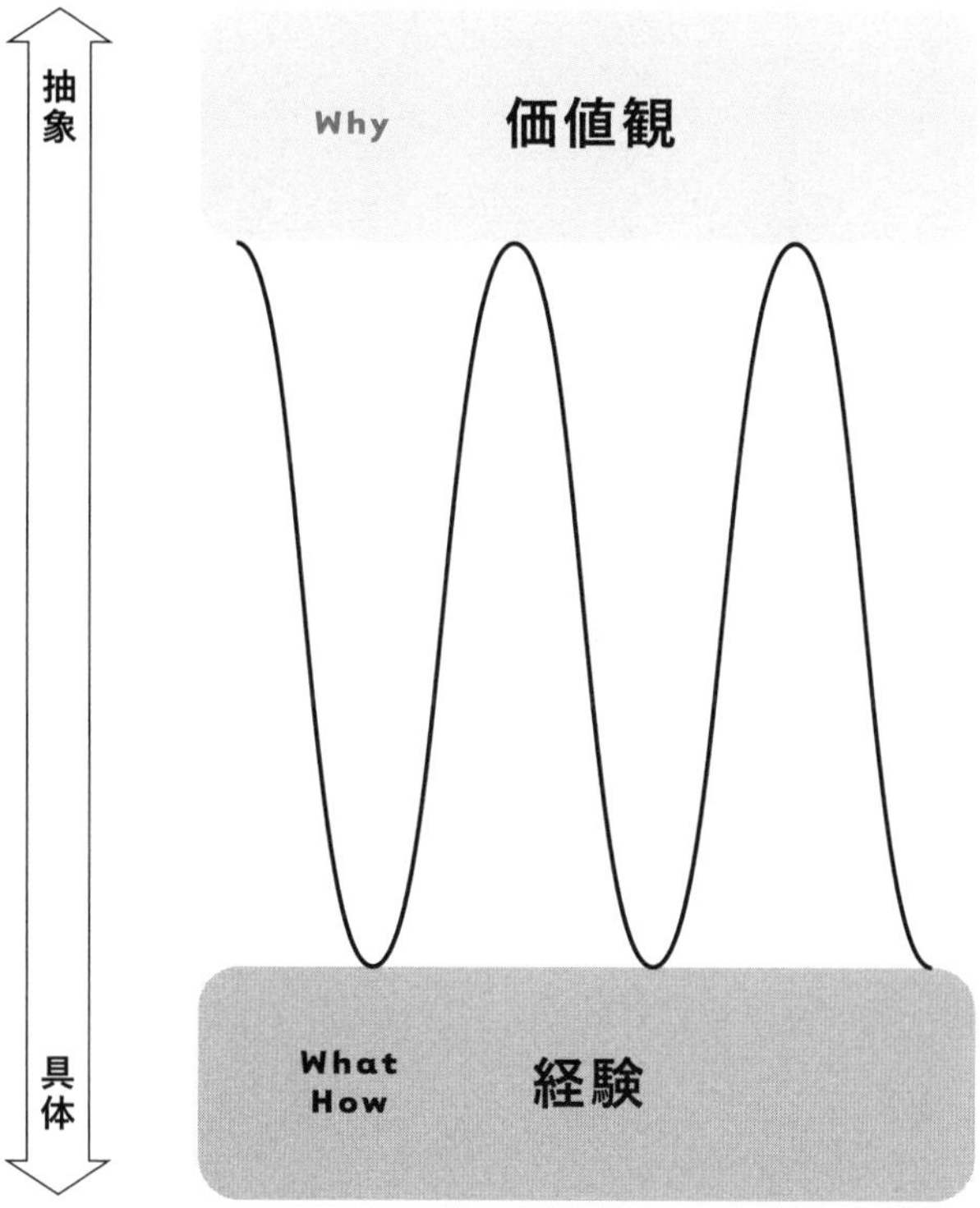

POINT
具体化するために「What」「How」を、
抽象化するために「Why」を問いかけ、考えを深める

多様なレンズで問題を捉える対話

私たちは、常に情報を取捨選択しています。例えば、本を読んだり映画を観たりした際にも、全員が同じ箇所に関心を持つ訳ではありません。

自分の感性で物事を捉え、今の自分にとって大切なものに意識を向けることは良いことです。しかし、自分の世界だけに閉じてしまうと、情報も思考も偏ってしまいます。そのような状態を避けるために有効なのが、多様なレンズを融合させる対話です。

対話を通して、同じ本や映画から、他者が何を感じ取り、何を考えたのかを知ることで、他者のレンズを借りて世界を眺めることが可能になります。その結果、同じ本や映画から、新しい価値を見出すことができると同時に、新しいものの見方を手に入れることができます。**対話を通して、多様なレンズに触れる機会は、自分の器を大きくするためにも、貴重な体験です。**

問題解決においても、多様なレンズは重要な役割を果たします。

例えば、最近会議での発言が減った、計画通り開発が進まない、エンゲージメントサーベイの結果が悪いなど、私たちは事象を通して問題に気づきます。しかし、事象に直接働きかけても、問題を解決することはできません。事象は、問題の根本原因ではないからです。

問題の根本原因を特定するためには、多様なレンズで問題を捉える習慣が欠かせません。自分の捉えた事実は、事実の一部でしかないからです。他者のレンズを借りることで、自分には捉えることができない事実を見ることが可能になります。

他人のレンズを借りる際に大切なのが、自分の経験や価値観で解釈を加えずに、相手の世界をそのまま聴き取る力です。ここでも、評価判断を保留にする対話の基礎力が役立ちます。

多様なレンズで問題を捉える

ある組織の事例を見てみましょう。エンゲージメントの高い組織を実現するために階層別にヒアリングを行ったところ、次のような答えが返ってきました。

ヒアリングで出た意見

社長　社員にもっと主体的に動いてほしい。
部長　社長にはもっとビジョンを語ってほしい。
課長　もっと自由に動きたい。
若手社員　面白い仕事がしたい。

意見を聴き取っただけでは、彼らのレンズが何を捉えているのかがわからないので、認知の4点セットを活用し、意見の背景を尋ねました。

▼更に背景を尋ねる

■社長

意見　社員にもっと主体的に動いてほしい。

経験　20年前にこの会社を立ち上げたときには、誰もが主体的に動いていた。指示や管理をする人がいない環境でも、誰もが一生懸命だった。大変だったが充実していたし、誰もが成長していた。会社が大きくなっても、創業時のようにみんなが主体的に動ける組織が望ましいと思う。

価値観　主体的な仕事の仕方、やりがいと充実、成長、管理しない・されない組織

■部長

意見　社長にはもっとビジョンを語ってほしい。

経験　社長がビジョンを語ることで、みんなが進むべき道が明確になる。変化の激しい時代なので、部長がすべてを計画してみんなを動かす仕事の仕方では、

良い成果を出し続けることは難しい。ビジョンでみんなの意志を統一したい。

価値観　環境への適応、ベクトルの一致、ビジョナリーな組織、主体的な仕事の仕方

■課長

意見　もっと自由に動きたい。

経験　社長は我々に主体性を期待しているが、実際は部長の指示に従うことを強く求められている感覚がある。もっと自由に、自らのアイディアを試してみたい。

価値観　主体的な仕事の仕方、指示・管理のない組織

■若手社員

意見　面白い仕事がしたい。

経験　仕事が人生の一部であるという感覚もあり、どうせなら面白い仕事がしたいと常々思っている。残念ながら、本当に面白い仕事とはどんな仕事なのか、自分でもよくわからない。まだ面白い仕事に出会った感覚はない。

価値観　人生の一部となる仕事、面白い仕事

社長、部長、課長、若手社員は、それぞれ異なるレンズで仕事を眺めています。一方で、4人の価値観を並べてみると、共通点を見出すことができます。

▼価値観を並べて共通点を見つける

社長　主体的な仕事の仕方、やりがいと充実、成長、管理しない・されない組織
部長　環境への適応、ベクトルの一致、ビジョナリーな組織、主体的な仕事の仕方
課長　主体的な仕事の仕方、指示・管理のない組織
若手社員　人生の一部となる仕事、面白い仕事

みんなのレンズを通して収集した「願い」を整理することで、組織変革の方向性が見えてきました。

▼対話を通して明らかになった組織変革の方向性

- 一人ひとりの社員のやりがいと充実につながる仕事の仕方を追求すること
- 指示・管理で動く組織から、主体性を尊重し権限を委譲する組織にシフトすること
- ビジョンを明確にして、大きな方向性を一つにすること

最初のヒアリングでは、みんなの意見はバラバラに見えましたが、対話を通して意見の背景にある価値観を知ることで、組織変革の方向性が見えてきました。

多様なレンズが捉えた問題認識や願いを統合して打ち出された方針は、誰もが自分ごとにできます。これも、対話のメリットです。

一人のレンズは事実の一部しか捉えることができないという人間の本質は、組織のトップである社長や総理大臣にも、当てはめることができます。リーダーの対話力が、組織や社会の問題解決力の土台となるのは、このためです。

図3-07 多様なレンズで問題を捉える

WORK

階層別ヒアリング

エンゲージメントの高い組織を実現するために
ヒアリング結果をもとに、
組織変革の方向性を探りましょう。

意見と大切にしたい価値観	
社長	**意見** 社員にもっと主体的に動いてほしい **価値観** **主体的な仕事の仕方**、**やりがいと充実**、成長、**管理しない・されない組織**
部長	**意見** 社長にはもっとビジョンを語ってほしい **価値観** 環境への適応、ベクトルの一致、**ビジョナリーな組織**、**主体的な仕事の仕方**
課長	**意見** もっと自由に動きたい **価値観** **主体的な仕事の仕方**、指示・管理のない組織
若手社員	**意見** 面白い仕事がしたい **価値観** 人生の一部となる仕事、面白い仕事

⇩

対話を通して明らかになった組織変革の方向性

- 一人ひとりの社員の**やりがいと充実**につながる仕事の仕方を追求すること
- **指示・管理で働く組織**から、**主体性を尊重**し権限を移譲する組織にシフトすること
- ビジョンを明確にして、大きな方向性を一つにすること

POINT
対話を通して意見の背景にある価値観を知ることで、
バラバラな意見にも共通点が見えてくる

集合知を生成する対話のファシリテーション

ここからは、多様な意見から新しいアイディアを生み出すための「場の作り方」を解説します。多様な意見が出ると、その後の扱いに困ると感じている方は、ぜひファシリテーションの手法を試してみてください。

ファシリテーターは、みんなが意見を出し、お互いの意見を理解し、最終的には、みんなが意見を一致させる対話のプロセスを促進します。**ファシリテーションのポイントは、「拡散」と「収束」を区切ることです。**

拡散と収束では、話し合いの目的が大きく異なります。

■拡散の目的：たくさんの意見やアイディアを出すこと
■収束の目的：決断すること

拡散と収束を分けられず拡散し続ける会議は、合意形成に至る前に時間切れになり、結論が出ません。なぜ拡散と収束を切り分けることができないのでしょうか。それは、多くの会議参加者が、リアルタイム・リフレクションの習慣を身につけていないからです。

「今は拡散の場である」と決めていても、自分の内面をメタ認知することができない人は、評価判断を保留にすることが難しく、拡散の場で誰かの意見を評価し始めたり、収束の場で新しい意見を語り始めたりします。

集合知を生成する対話の場で、ファシリテーターがまず行わなければならないことは、**ルールの提示**です。ルールの提示には、2つあります。1つは、**ルールそのものの提示**。もう1つは、**ルール違反を発見した際のファシリテーターの役割の提示**です。

ファシリテーターの役割は、会議の有効性と生産性を共に高めることです。そのためにも、「拡散と収束」のルールを守るのが、ファシリテーターの大事な役割です。

みんなで話し合って合意形成を行えると、集合知が生成されます。また、話し合いに参加したことで、メンバーのオーナーシップやモチベーションも高まります。ぜひ、「拡散と収束」を分けて対話を進めるファシリテーションを実践してください。

「拡散」と「収束」のプロセス

ステップ1　対話の土台形成

会議の目的やゴール、つまり何について考える場なのかを全員が理解します。

ゴール　話し合いの場を整える

工程
■対話の目的とゴールを共有する
■会議のプロセスと時間配分を共有する
■会議のルールを提示し、確認する

▼ステップ2　拡散

たくさんのアイディアを出し、そのアイディアを全員が理解します。拡散では、アイディアを評価しないよう注意してください。

ゴール
■たくさんのアイディアを出す
■お互いのアイディアを正しく理解する

工程
■アイディアを出す
■アイディアの説明をする
■アイディアへの質問をする

成功のポイント

■アイディアを出す

↓アイディアを出すことに集中する。

他人の意見に対する評価判断を保留にする。

■アイディアの説明をする

↓自分の意見の背景にある価値観まで伝え、共有する。

■アイディアへの質問をする

↓他者の意見の背景にある価値観まで聴き取り、理解する。

▼ステップ3　収束

ゴール　アイディアを絞り込む

工程

■重複しているアイディアを統合し、優先順位がつけられるように整理する

■整理されたアイディアの三分の一の数の投票権を全員に与えて、投票し、アイディアに優先順位をつける
■投票結果の優先順位に縛られず、特定のアイディアにこだわりのある人に主張する機会を与える

成功のポイント

■重複しているアイディアを統合し、優先順位がつけられるように整理する
↓アイディアが整理されている。
■整理されたアイディアの三分の一の数の投票権を全員に与えて、投票し、アイディアに優先順位をつける
↓全員で投票することで、みんなのコンセンサスがどのあたりにあるのかを認識する。合意形成に向かい始める。
■投票結果の優先順位に縛られず、特定のアイディアにこだわりのある人に主張する機会を与える
↓投票によるコンセンサスも大事だが、同時に、特定のアイディアにこだわりの

ある人に主張する機会を与えることで、大切な視点を取りこぼさない。

▼ステップ4　クロージング

ゴール　みんなの意見を一致させる（合意形成）

工程

■否定投票（このアイディアを削除することに反対の人はいないかと尋ねる）を行い、アイディアのリストを絞り込む

■絞り込んだアイディアの良い部分を理解し、何を加えたら更に良いアイディアになるかを考え、アイディアを改良する

■アイディアが2〜3個に絞り込まれたら、二者択一や勝ち負けにするのではなく、アイディアを組み合わせる方法を模索する

■みんなの合意を確認する

成功のポイント

■否定投票（このアイディアを削除することに反対の人はいないかと尋ねる）を行い、アイディアのリストを絞り込む
↓優先順位の低いアイディアをリストから削除し、リストを小さくする。「この意見を削除しても良いですか」よりも、「この意見を削除することに反対する人はいますか」と問いかけると、反対する人は少なくなる。

■絞り込んだアイディアの良い部分を理解し、何を加えたら更に良いアイディアになるかを考え、アイディアを改良する
↓最後に絞り込んだアイディアについては、できるだけ活用する方向で考える。アイディアを進化させるという発想で良い。

■アイディアが2〜3個に絞り込まれたら、二者択一や勝ち負けにするのではなく、アイディアを組み合わせる方法を模索する
↓ファシリテーションの目的は、意見を出し合って良いアイディアを生み、最終的には意見を一致させることなので、二者択一や勝ち負けにならないようにする。

■みんなの合意を確認する
↓最終的に出た結論にみんなが満足し、話し合いに誰もが貢献した実感を持って

いる。誰もが最終的な結論を、自分の意見だと思っている。

対話のファシリテーターは、拡散と収束の場を区切り、4つのステップで、発言の促進や合意形成の支援を行います。

対話の場に全員が責任を持つために、対話を始める前に、4つのステップについて参加する全員で意識を合わせましょう。その上で、ルールを破る対話の破壊者がいたら、ファシリテーターは速やかに軌道修正を行います。また、メンバーが対話の破壊者にならないために、全員に対話の基礎力の実践とリアルタイム・リフレクションを促しましょう。

拡散と収束の場を区切ることができるようになると、多様な意見がたくさん出ることを心から歓迎することができるようになります。そして、集合知の持つパワーを実感することができます。

図3-08 対話のファシリテーション

ステップ1 対話の土台形成

ゴール	話し合いの場を整える
工程	●対話の目的とゴールを共有する ●会議のプロセスと時間配分を共有する ●会議のルールを提示し、確認する

ステップ2 拡散

ゴール	たくさんのアイディアを出す／ お互いのアイディアを正しく理解する
工程	●アイディアを出す ●アイディアの説明をする ●アイディアへの質問をする

ステップ3 収束

ゴール	アイディアを絞り込む
工程	●重複しているアイディアを統合し、 優先順位がつけられるように整理する ●アイディアに全員で投票し、優先順位をつける ●特定のアイディアにこだわりのある人に主張する機会を与える

ステップ4 クロージング

ゴール	みんなの意見を一致させる（合意形成）
工程	●否定投票を行い、アイディアのリストを絞り込む ●絞り込んだアイディアの改良案を考える ●アイディアが2～3個に絞り込まれたら、組み合わせる方法を模索する ●みんなの合意を確認する

POINT

・全員で1ステップずつ進めることで合意形成ができる
・対話の破壊者がいたら、速やかに軌道修正を行う

3章のポイント

- 多様性には、斬新なアイディアを生む力、真実を見る力、課題を解決する力、現実を創り出す力がある。ただし、判断軸や価値観の違いを乗り越えるための対話が不可欠である。

- 言語や判断基準の壁を越えるためには、認知の4点セットを活用した対話を行って、相手のバックグラウンドを理解することが効果的。その中で優先すべき判断軸は、対話の目的をもとに全員で合意する。

- 新しい価値を創造するためには、具体（WHAT,HOW）と抽象（WHY）を往来する対話が欠かせない。認知の4点セットを活用することで、具体（経験）と、抽象（価値観）を同時に扱うことができる。

- 多様な意見をまとめるには、「拡散」と「収束」を明確にしたファシリテーションが効果的である。対話の場のルールを共有し、ルールを破る人がいたら軌道修正を行う。

第4章

創造性を高める対話

対話の力で新しいものを生み出す
——デザイン思考

第4章は、「新しいものを生み出すための対話」の実践がテーマです。多様性が化学反応を起こすとイノベーションが生まれると言われますが、化学反応は勝手に起こる訳ではありません。

そこで、第4章では、創造の普遍的な型として、世界中で実践されている「デザイン思考」をベースに、対話力を共創に活かす実践方法を紹介します。

デザインという言葉で、ものづくりをイメージする方も多いかもしれませんが、デザイン思考の専門家である石川俊祐さんの書籍『HELLO, DESIGN　日本人とデザイン』（幻冬舎）では、次のように定義されています。

デザイン思考とは、ロジックだけでは正解を導き出せない時代を生きるすべてのビジネスパーソンに必須の思考のメソッドです。

デザイン思考は、トップデザイナーが実践している思考法を抽出し、理論化し、夫々の仕事（企業経営や商品開発は勿論、営業やマーケティングに至るまであらゆる仕事）に転用することによって、これまで誰もが思い浮かばなかった、優れた答えを導き出すメソッドです。

創造的な活動は、一人の天才に依存してしまったり、再現するのが難しかったりして、ともすると混沌に陥ってしまうものです。デザイン思考はそれを5つのプロセスに整理して広く転用できるようにしたため、世界中の共創の場で導入されています。例えばグーグルでは、デザイン思考を活用して、独自の事業開発プロセス「デザインスプリント」を生み出していますし、スタンフォード大学のd. Schoolはデザイン思考を学ぶ場として人気を集めています。

デザイン思考をすでに活用している方も、これから活用する方も、ぜひチームの共創力を高めるために、対話の基礎力と一緒に実践してください。

デザイン思考という一見すると特殊なスキルをこの本に取り込んだのには理由があります。

デザイン思考は、ユーザーやチーム、コミュニティといった、異なるステークホルダーとの対話を重視しています。デザイン思考における対話は単なる議論にとどまらず、プロトタイプを作ってユーザーに使ってもらったり、実験してみたりすることで、自分たちの認知の限界を超えて、新しいプロダクトやサービスを生み出す過程すべてに必要になります。デザイン思考という新しい概念を通じて、対話の基礎力がどのように問題解決に応用されるのか、感じ取ってもらえればと思います。

デザイン思考　5つのプロセス

デザイン思考のプロセスは、「共感」、「問題定義」、「アイディア創出」、「プロトタイプ」、「テスト」の5つに分けられます。それぞれの概要と期待される成果を確認しましょう。

▼1　共感

デザイン思考では、人間が何を求めているのかを明確にした上で課題設定に取り組みます。このアプローチを「人間中心デザイン」と呼びます。

このプロセスでは、「誰か」の「満たされないニーズ」を見つけることが期待されます。そのためには、インタビューや観察、ユーザー体験などの手法が使われます。

▼2　問題定義

問題定義は、チームが共に活動するためのゴール設定とも言えます。共感のプロセスを経て明らかになった情報を持ち寄って話し合い、問題を定義します。

問題定義は、「どうすれば○○○できるか」のように、問いの形式で表します。

▼3　アイディア創出

定義した問い「どうすれば○○○できるか」に答えるために、アイディアを生み出します。アイディア創出では、ブレインストーミングを行い、クレイジーでワイルドなアイディアをたくさん出し、**問いに対する解決策が明らかになっている状態**を目指します。

▼4 プロトタイプ

アイディア創出のプロセスで生まれた解決策について、ユーザーからフィードバックをもらうために**テスト用のプロトタイプを準備**します。プロトタイプは、実際にユーザーに体験してもらい、アイディアを試し、進化させる目的で行います。

▼5 テスト

テストは、解決策を洗練させ、より良いものにするための手段です。テストの目的に合ったプロトタイプを準備することで、解決策を見出しやすくなります。

ユーザーの真のニーズを聴き取り、ユーザーの欲する解決策を形にする責任はチームにあります。しかし、最終決定権を有するのはユーザーです。そこで、テストでも共感のプロセスと同様に、インタビューや観察を通して真のエキスパート（ユーザー）から学び、解決策を進化させます。

図4-01 デザイン思考の5つのプロセス

1 共感	インタビューや観察、ユーザー体験などの手法を用いて「誰か」の「満たされないニーズ」を見つける。
2 問題定義	共感のプロセスで集めた情報を持ち寄り、「どうすれば○○できるか」のような問いのかたちで問題を定義する。
3 アイディア創出	ブレインストーミングを行い、定義した問いに対する解決策のアイディアを生み出す。
4 プロトタイプ	解決策に対するフィードバックをもらうために、実際に体験してもらえるようなテスト用のプロトタイプを準備する。
5 テスト	プロトタイプを試したユーザーにフィードバックをもらい、そのフィードバックをもとに次のアクションを明確にする。

POINT
**順番に進めるだけでなく、
必要に応じてプロセスを反復する**

このテストのプロセスを通して、**次のアクション**（解決策を確定するか、共感、問題定義、アイディア創出、プロトタイプのいずれかのプロセスに戻るか）**を明確にしていきます。**

この5つのプロセスを通して、新しい価値を生み出していきます。

デザイン思考の3つの特徴

デザイン思考には、3つの特徴があります。

▼デザイン思考は、コラボレーションのためのツールである

デザイン思考は、コラボレーションを前提にしています。デザイン思考のプロセスに対話の基礎力を活かすことで、チームの共創力も高まります。

▼デザイン思考は、学習者のツールである

デザイン思考を活用した創造のプロセスは、学習のプロセスでもあります。感情や価値観まで傾聴することや、解釈を切り離して事実を捉えること、ブレインストーミングで評価判断を保留にすることなど、対話の基礎力がチームの学習力を支えます。

▼デザイン思考は、反復を歓迎する

デザイン思考の5つのプロセスは、順番に進めるだけではなく、必要に応じて反復することを前提にしています。プロトタイプをテストして、再びプロトタイプに戻ることも、共感のプロセスに戻ることも自由にできます。その判断を正しく行うために、対話の基礎力が活きてきます。

デザイン思考について詳しく知りたい方は、デザイン思考研究所のHP（https://designthinking.eireneuniversity.org/）をご覧ください。無料で豊富な教材にアクセスすることができます。

ここからは、対話の基礎力がデザイン思考にどのように役立つのかを解説していきます。

顧客＝真のエキスパートに学ぶ

デザイン思考の最初のステップ「共感」では、インタビューや観察といった手法を用いて、**「誰のどんなニーズが満たされていないのか」**を明らかにしていきます。

顧客のニーズを知りたいとき、あなたは誰に聴くのが一番だと思いますか？

フォードの創業者ヘンリー・フォードは、「顧客に何が欲しいかを尋ねたら、速く走る馬が欲しいと答えるだろう」と語り、顧客はビジョナリーではないと考えていました。また、アップルの創業者スティーブ・ジョブスは「どんな製品が欲しいのかを考えるのは、顧客の仕事ではない」と述べています。

偉大なアントレプレナーであるフォードもジョブスも、顧客に新製品のアイディアを尋ねることに価値を見出していなかったようです。

しかし、デザイン思考は、ユーザーこそが真のエキスパートと捉え、インタビューや観察を通して、顧客のニーズを学びます。もちろん、フォードが指摘している通り、顧客がビジョンそのものを持っている訳ではありません。

だからこそ、共感のプロセスを通して、顧客の潜在的なニーズを引き出すことが必要になります。**インタビューで得られた情報をデータとして捉えるだけではなく、人間の持つ共感力を活かすことで、深い洞察を得る**ことができます。

そのために、対話の基礎力（メタ認知、評価判断の保留、認知の4点セットを活用した傾聴、学習と変容、リアルタイム・リフレクション）が役立ちます。

私たちは、見たいものを見たいようにしか見ていません。過去の経験を通して形成されたものの見方や固定観念に縛られています。この状態で、インタビューや観察を行っていても、ユーザーの真のニーズを知ることはできません。

共感では、顧客自身も気づいていない「真のニーズ」を発見することを目指します。そのため、顧客の意見と共に、その背景にある経験や感情、価値観を聴き取ることが有益です。

どのような経験を持っているから、そう考えるのか。どのような気持ちなのか。何を大切にしているのか……このように、丁寧に相手のニーズを聴き取ることを繰り返すことで、相手も気づいていない真のニーズを発見することが可能になります。

デザイン思考の生みの親であるIDEOは、歯ブラシからパソコンまで、幅広くデザインを手掛けています。どんなものでも革新的で洗練されたデザインができるのは、彼らに、真のエキスパートであるユーザーから学ぶ力があるからです。

インサイトを見つける

インサイトとは、話す本人さえも気づいていない深い洞察です。本人も気づいていないことをどうやって発見することができるのでしょうか。ポイントは、価値観（大切にしていること）を聴き取り深掘りすることです。そして、話の中にある矛盾や共通点を探します。

インサイトを発掘する練習として、Aさんの趣味に関するインタビューを見てみましょう。

事例

Aさんの趣味

問い　Aさんの趣味は何ですか？

意見　海外旅行です。

経験　年に一度は海外旅行に行きます。これまでに16カ国訪れました。海外では、異文化に触れること、歴史的な場所を訪れること、現地のおいしい料理を食べることを楽しみにしています。

感情　（外国の文化、歴史、食事に触れることが）楽しい

価値観　年に一度の海外旅行で初めての国を訪れ、外国の文化や歴史、食事に触れる

問い　Aさんは、海外旅行以外に、普段はどんな趣味を楽しんでいるのですか？

意見　散歩が趣味です。

経験　休みの日には、ふらっと知らない町に行って、探索しています。最近では、インスタグラムに写真を掲載したりして、楽しんでいます。知らない町を歩いてみると、おもしろいお店や立派な神社、日向ぼっこしている猫など、色々な発見があります。季節によっては、桜や紫陽花、金木犀も楽しめます。

感情　（知らない町での発見）楽しい

価値観　**知らない町を歩き、色々な発見をする**

問い　知らない町で、初めてのお店で、食事することも楽しんでいるのですか？

意見　いいえ、知らないお店には入りません。

経験　以前は、知らないお店に入っていたのですが、3回連続でとても残念な経験をしたので、それ以来知らない町の知らないお店でご飯を食べることはやめました。1度目は、味はともかくサービスがひどくて、居心地が悪かったです。2度目は、正直味がまずかったです。そして3度目は不衛生なお店で、お腹を壊すのではないかと心配になりました。楽しい町歩きが、とても残念な休日になりました。

感情 （お店がいまいちで）悲しい

価値観 **感じの良いお店で、おいしい食事をする**

初めての国を訪れる海外旅行や、知らない町の探索から、Aさんは驚きや発見、冒険を楽しむ人であることがわかります（共通点）。しかし、食事に関しては、保守的な印象を受けました（矛盾点）。そこで、海外旅行の様子を尋ねてみました。

問い 海外では、知らないお店に入って、残念な経験はありませんか？

意見 いいえ、ほとんどありません。

経験 海外旅行では、事前にお店について調べておくので、残念な経験は少ないです。現地でも、ホテルの人や現地の人などに聴いて、お店を探します。だから、ふらっと行くことはないんです。

感情 （調査すると）安心

価値観　食事のお店は、外さない（冒険しない）

食事に関して、そこまで事前調査を行うのに、なぜ、知らない町を訪れる際には調査をしないのでしょうか。ここにも矛盾の種が存在します。

問い　知らない町を訪れる際にも、事前調査をされるのですか？

意見　いいえ、事前の調査は全くしません。

経験　仕事で調査や分析を行っているので、週末はそのスイッチはオフにしたいと思っています。「えっ、同じ人物なの」というくらい、全く調査せずに歩きます。携帯で調べることもできますが、それもしないことにしています。

感情　（何も調べないで）リラックス

価値観　週末には、仕事モードを完全にオフにする

Aさんの趣味から、どんなインサイトを発見できるでしょうか。まずはインタビューで明らかになった価値観を見てみましょう。

- 年に一度の海外旅行で初めての国を訪れ、外国の文化や歴史、食事に触れる
- 知らない町を歩き、色々な発見をする
- 感じの良いお店で、おいしい食事をする
- 食事のお店は、外さない（冒険しない）
- 週末には、仕事モードを完全にオフにする（調査しない）

この価値観の共通点や矛盾点から、本人も自覚していないようなインサイトをみつけます。

価値観から明らかになったインサイト

旅行も散歩も冒険が好き（共通点）だけど、食事のお店選びでは冒険をしない（矛盾点）。

意見だけを聴いても、インサイトを見つけることはできません。意見の背景にある経験をしっかりと聴き取りながら、感情に意識を向けることで、相手が大切にしてい

図4-02　インサイトを見つける

WORK

インサイト発掘のためのインタビュー

趣味に関するインタビューを通して、
本人さえ気づいていない
深い洞察（インサイト）を見つけましょう。

大切にしていること（価値観）

- **初めての国を訪れる年に一度の海外旅行で、外国の文化、歴史、食事に触れる【冒険】**
- **知らない町を歩き、色々な発見をする【冒険】**
- 感じの良いお店で、美味しい食事を食べる
- **食事のお店は、外さない【冒険しない】**
- 週末には、仕事モードを完全にオフにする

↓

価値観から明らかになったインサイト

共通点　初めての国へ旅行／知らない町歩き【冒険】
矛盾点　食事のお店選びでは冒険をしない

POINT
価値観の共通点や矛盾点を深掘りすると、
本人も気づいていないような洞察が見つかる

ること（価値観）が何かを聴き取ってください。感情がポジティブなときには価値観が満たされていて、ネガティブなときには満たされていないはずです。共通点や矛盾点を発見したら、インサイトの発見につなげてください。

「聴いているつもり」のインタビュー

ここからは、事例をもとに、対話の基礎力を活用したインタビューの実践方法を紹介します。

新しくレストランを始めるにあたり、あなたは顧客の声を聴くことにしました。みんなが喜んで訪れてくれるレストランにするために、大切なことは何だろう。どんなメニューが良いのだろうか。インタビューを通して、顧客の真のニーズを学ぼうと張り切っています。

事例 「意見」だけを聴き取る

対話の基礎力を知らない人は、次のようなインタビューを行っています。以下に示すのは、多くの人が無自覚に実践しているかもしれない、「聴いているつもり」のインタビューです。

■インタビューで、意見だけを聴いた場合

自分　どんなレストランによく行きますか？

顧客　よくカレーを食べに行きます。

■インタビューで得た結論

レストランのメニューにカレーライスを加える

■意見に対する自分の解釈

自分の意見　レストランには、カレーのメニューを用意しよう。

自分の経験　カレーといえばカレーライスだろう。カレーライスは無性に食べたくなる。週1でも食べられる。カレーライスが嫌いな人間には出会ったことがない。

自分はカレーライスが好きだから、カレーと聞くと、カレーライスをイメージしてしまう……このように、相手の意見に対して、自分の経験に基づき解釈を行い、それを相手のニーズだと思い込む人は意外に多いです。

この事例で相手が食べに行っていたカレーは、実は、ナンと一緒に食べるインドカレーでした。自分が「何を聴き取っているのか」に注意を払わなければ、この事例のように、インタビューを実施したにもかかわらず、真のニーズを発見することに失敗してしまいます。

インサイトを聴き取るインタビュー

ここからは、対話の基礎力を活かしたインタビューの事例を紹介します。当然ながら、顧客のニーズに対する理解は、先程の事例とは異なります。

事例 「意見・経験・感情・価値観」を聴き取る

■意見

自分 どんなレストランによく行きますか？

顧客 よくカレーを食べに行きます。

■経験

自分 どんなカレー屋さんが好きですか？

顧客 いわゆる日本のカレーライスではなくて、スパイスの香りがするインドカレーが好きです。よく行くお店はインド料理店で、そこで焼いているナンがとてもおいしいんです。カレーの種類も豊富で、いつも3種類のカレーをナンと一緒に食べています。好きなカレーを食べると、ホッとします。

経験の話を丁寧に聴くことで、相手の感情と価値観を聴き取ることができます。

■感情
（好みのカレーを食べると）ホッとする

■価値観（大切にしていること）
■好きなカレーは、日本のカレーではなく、スパイスの香りがするインドカレー
■カレーには、ご飯よりもナンを添える

更に、経験を詳しく聴いていきます。

■経験
自分　特に好きなインド料理店を教えてもらえますか？
顧客　八重洲の○○、目黒の○○、横浜元町の○○がお気に入りです。それぞれのお店に特徴があって、気分によって3つのお店を使い分けています。知らないお店には、入らないですね。がっかりしたくないですから。グルメな知人から情報を聞いたり、事前にリサーチしたりしてからしか新しいお店には行かないよ

うにしています。おいしいカレーを食べるためなら、少し遠くても足を運びます。

相手の話を、感情や価値観まで聴き取ることができたら、次は、インサイトを発見することに挑戦しましょう。

事例 インサイトを聴き取る

更にインタビューを続けていると、次のような発言がありました。

顧客 待たされるお店は好きではないですね。

自分 (えっ！　少し遠くても、お気に入りのお店に出向くと言っていましたよね。時間は気にしない人じゃないの？)なぜ、待たされるのが嫌なのですか？

顧客 待たされるお店は、オペレーションが美しくないです。店員もテキパキしてなくて、動きに無駄が多い。見ているとイライラして、オペレーションを改善したくなります。職業病かな？　ＦＣ店舗のスーパーバイザーの仕事をしています。

おいしいインドカレーを食べに行くために遠くに行くことは無駄だと感じないのに、店員さんの無駄な動きが気になるという矛盾を聴き取ることで、インサイトを見つけることができました。

インタビューを通して得たインサイト

レストランではメニューだけでなく、無駄のないオペレーションを意識することも、顧客満足につながる大事な要素である。

顧客の声に矛盾や共通点を発見したら、「なぜ、そう思うのか」と価値観レベルまで掘り下げて理解しましょう。その結果、本人も気づいていないインサイトを発見することが可能になります。

次に、インサイトの他にも、ドリームや物語を聴き取るインタビューを紹介します。

- インサイト：本人も気づいていない深い洞察
- ドリーム：まだ経験したことのない、本人が願っていること
- 物語：ニーズの背景にあるストーリー

事例 ドリームを聴き取る

インタビューでは、顧客のドリーム（願い）を聴き取ることも大切です。顧客がまだ経験したことのない、真に願っていることは何か、常に意識を向けましょう。

自分 新しいお店を今でも開拓しているのですか？

顧客 もちろん、探しています。でも、雑誌やｗｅｂサイトの情報は当てにならないことがわかっているので、お店の開拓はそう簡単じゃないです。

自分 雑誌やｗｅｂサイトの情報は、なぜ、当てにならないのですか？

顧客 知りたいことが書かれていないことが多いし、評価も当てになりませんから。

自分 雑誌やｗｅｂサイトに、どんなことが書かれていると役立つと思いますか？

顧客　私が知りたいのは「どの地方のインド料理なのか」です。また、カレーの記事を書いている有名な人が数名いるので、彼らによる香辛料の風味や辛さ、イチオシのカレーなどの評価と理由が書かれていて、かつ、比較してあるとわかりやすいかもしれませんね。

顧客のドリーム（願い）　新しいお店を開拓したい。でも、失敗したくない。このため、インドのどの地方の料理なのか、どんな味の特徴があるのかなどについて正確な情報を手に入れたい。例えば、インドカレーに精通している有名なライター数名によるお店の評価と比較をネットで紹介してもらえると嬉しい。

このインタビューから、メニューをＨＰで紹介する際に、どんな情報を提供すればよいのか、誰にお店の評価をしてもらえばよいのかなど、たくさんのヒントをもらいました。

事例

物語を聴き取る

インタビューでは、物語も聴き取ってみましょう。こちらの聴きたいことを質問するだけでは聴き取ることができない、意外な情報に出会える可能性があります。先程の事例に登場したカレー好きのAさんには、どんなカレー物語があるでしょうか。みなさんも想像してみてください。

Aさんの物語

Aさんとカレーとの特別な出会いは、大学生の頃に遡ります。大学の近くに人気のカレー屋があり、週に2日は食べに行っていました。大学の卒業生はみんな、このカレー屋にお世話になっていました。卒業後も、月に1回は通っていましたが、卒業して10年経った頃、地域の再開発でカレー屋が閉店してしまいました。ところが、今、通っている3軒のカレー屋は、この後に開拓したお店です。大学の側のカレー屋を超えるお店を探し続けていますが、未だに見つかっていません。

この物語を知れば、今通っている3つのお店の特徴に加えて、大学のそばにあったカレー屋について、もっと話を聴くことができて、新しい情報に出会えるかもしれません。

このように、認知の4点セットを活用してインタビューを実践することで、インサイトを見つけることが可能になります。

また、更に顧客のことを深く知りたいときには、顧客のドリーム、物語についても、傾聴を試みましょう。

共感の実践は、日頃のコミュニケーションにも使える手法です。家族や友だち、同僚とのコミュニケーションに活用すると、相互理解が深まり、良好な人間関係の構築にもつながります。

観察して得た情報をチームで共有する

真のエキスパートであるユーザーに学ぶためには、観察も有益です。デザイン思考では、実際に製品やサービスを使用している人間を観察することで、顧客のニーズを発見します。

観察においても、インタビュー同様に認知バイアスに注意しなければいけません。一方で、私たちが物事を認知するときには、過去の経験や知識に頼るので、認知バイアスをなくすことはできません。このため、観察は、チームで行うことをおすすめします。**チームの多様性は、認知の多様性にもつながります。**その結果、観察の幅を広げることが可能になります。

観察の実践方法は、デザイン思考を活用して「これまでにないショッピングカート」を5日間で完成させたＩＤＥＯのチームを紹介したテレビ番組を参考に解説します。

観察する場所は、スーパーマーケットです。メンバーは、スーパーマーケットを訪れる様々な顧客の様子を民族学者のように観察し、彼らの行動からショッピングカートについて学びます。同様に、店員がどのようにショッピングカートを清掃したり片付けたりしているのかも観察し、店員のニーズも記録します。

- ショッピングカートは、どのように使用されているのか
- お客さんが困っていることは何か
- 店員はショッピングカートにどんな悩みや不満を持っているのか

このプロジェクトに集められたメンバーは、エンジニア、言語学者、MBA、心理学者、マーケティングの専門家、生物学専攻の学生と実に多様です。チームに多様性があることで、観察の幅が一気に広がります。

スーパーマーケットに観察に行けば、様々なお客さんがいます。店内には、数え切れないほどの商品が並んでいます。店内で働く人たちの役割も多様です。この膨大な情報を前にして、あなたは誰のどのような行動を観察しますか。IDEOの事例ではショッピングカートがテーマですから、このテーマから離れることはないかもしれませんが、それでも膨大な情報が存在することは間違いありません。

ここで今一度、私たちが観察を通して情報を入手するメカニズムについて確認しておきたいと思います。

私たちは、膨大な情報の中からある情報を知覚し、その情報に判断を加えます。これが、私たちが何かを認知するときに行うことです。このため、私たちの認知には、解釈が含まれています。

認知の4点セットを使うと、この解釈がどこからやってきたのかを明らかにすることができます。私たちが解釈に使うのは、過去の経験を通して知っていることだからです。

また、膨大な情報の中から、ある事実を知覚する際にも、なぜその情報が気になったのか、その理由を認知の4点セットで説明できます。自分が大切にしていること（価値観）がセンサーとなり、知覚する事実を取捨選択しているからです。

このメカニズムを理解すれば、観察を人間が行う限り、そこにバイアスがあるのは当然のことだと思えるようになります。また、チームに多様性があることで、多様な事実を収集することができる理由も明らかでしょう。

チームで観察の結果を共有する際に

図4-03 事実と解釈

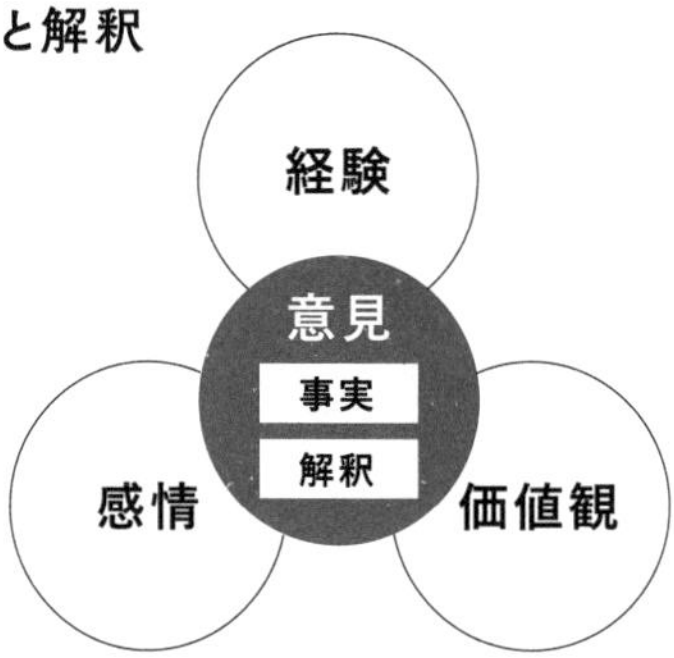

POINT
意見には事実と解釈が含まれる

は、知覚した事実に立ち戻れるように、一人ひとりが得た情報を、事実と解釈に分けて伝えるようにします。IDEOの事例では、観察した事実を、写真に撮って共有していました。事実と解釈を切り分けて、一つの事実に対する解釈の可能性を広げるために、とても有効な手段です。

デザイン思考では、真のエキスパートから学ぶ手法として、インタビューや観察に加え、プロトタイプを使いテストすることを奨励しています。

「こんな製品があったら、使いたいと思いますか」「こんな製品があったら、買いますか」この問いにイエスと答えても、その人が実際に製品を買ってくれる保証はありません。そこで生まれたのが、プロトタイプを使うアプローチです。

プロトタイプを使ったテストにおいても、共感のプロセス同様に、インタビューや観察を行い、ユーザーのフィードバックをデザインの改良に活かしましょう。

図4-04 チームで観察する価値

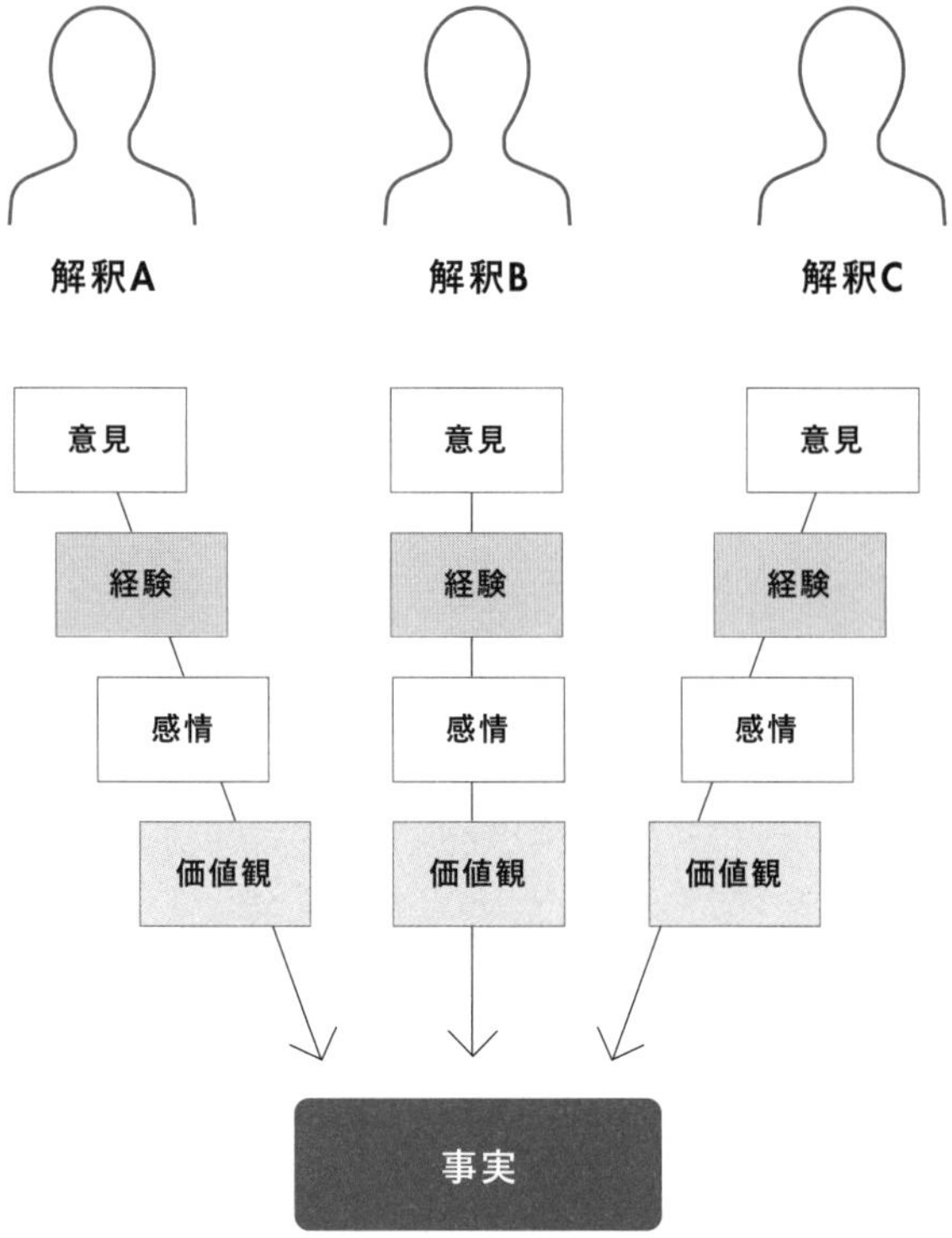

POINT
人は、同じ事実を拾わない。
同じ事実を拾っても、その解釈は人によって異なる

学習と変容に向かう聴き方

インタビューやプロトタイプをテストしてユーザーの声に学ぼうとしても、聴き方を間違えてしまうと、努力が水の泡となってしまいます。そこで、自分の聴き方が正しいのかを、リアルタイム・リフレクションする必要があります。

創造のプロセスにおける正しい聴き方とは、「学習と変容に向かう」聴き方のことで、間違った聴き方は「知識を得る」聴き方と、「自分の解釈を加える」聴き方を指します。

まず最初に、間違った2つの聴き方について、その特徴となぜ間違いなのかを説明します。

間違った聴き方1：知識を得る

最もわかりやすいのは、教科書に基づく授業です。正解が一つしかない事柄について説明を聴く際には、その情報に自分の考えを加えるのは望ましい行為ではないと考えられています。このため、知識を得る聴き方では、聴いた通りに知識を受け止め、鵜呑みにします。

テストで100点を取るために、学校で誰もが学ぶ聴き方です。しかし、この思考を加えない聴き方では、新しい何かを生み出すことはできません。

知識を得る聴き方でインタビューを行うと、相手の意見をそのまま正解と捉えることになります。この聴き方で、インサイトを見つけることは困難です。

▼間違った聴き方2：自分の解釈を加える

たびたびお伝えしているように、私たちは知覚した情報を認知する過程で、自分の解釈を加えていて、人の話を聴く際にも、自分の経験、感情、価値観を当てはめてその話を解釈しようとします。この聴き方は、私たちが普段無意識に行っている聴き方です。しかし、この聴き方では、相手の真意を正しく理解できません。

自分の解釈を加える聴き方では、自分の意見を正解と捉えることになります。ユーザーのニーズを理解したことになりません。

知識を得る聴き方も、自分の解釈を加える聴き方も、意見の根拠は「過去の経験を通して知っていること」なので、過去の意見ということもできます。

▼正しい聴き方：学習と変容に向かう

学習と変容に向かう聴き方とは、相手の話を認知の4点セットで聴き取り、**相手の真意を理解し、そこから何かを学び、新しい気づきを得ようとする聴き方です。**相手の世界を想像し、相手の靴を履いてみる（共感する）ことで、対話を通して、自分のものの見方に変化が生まれます。

創造的な活動を通して、これまでにない新しいアイディアが生まれる可能性を高めるのは、学習と変容に向かう聴き方です。

チームのメンバー全員で、学習と変容に向かう聴き方を実践することで、チームの創造力を高め続けることができます。チームの創造性を開花させるために、「今、自分たちは、3つの聴き方のどれを実践しているのか」をリアルタイム・リフレクションする習慣を持ちましょう。

図4-05 3種類の聴き方

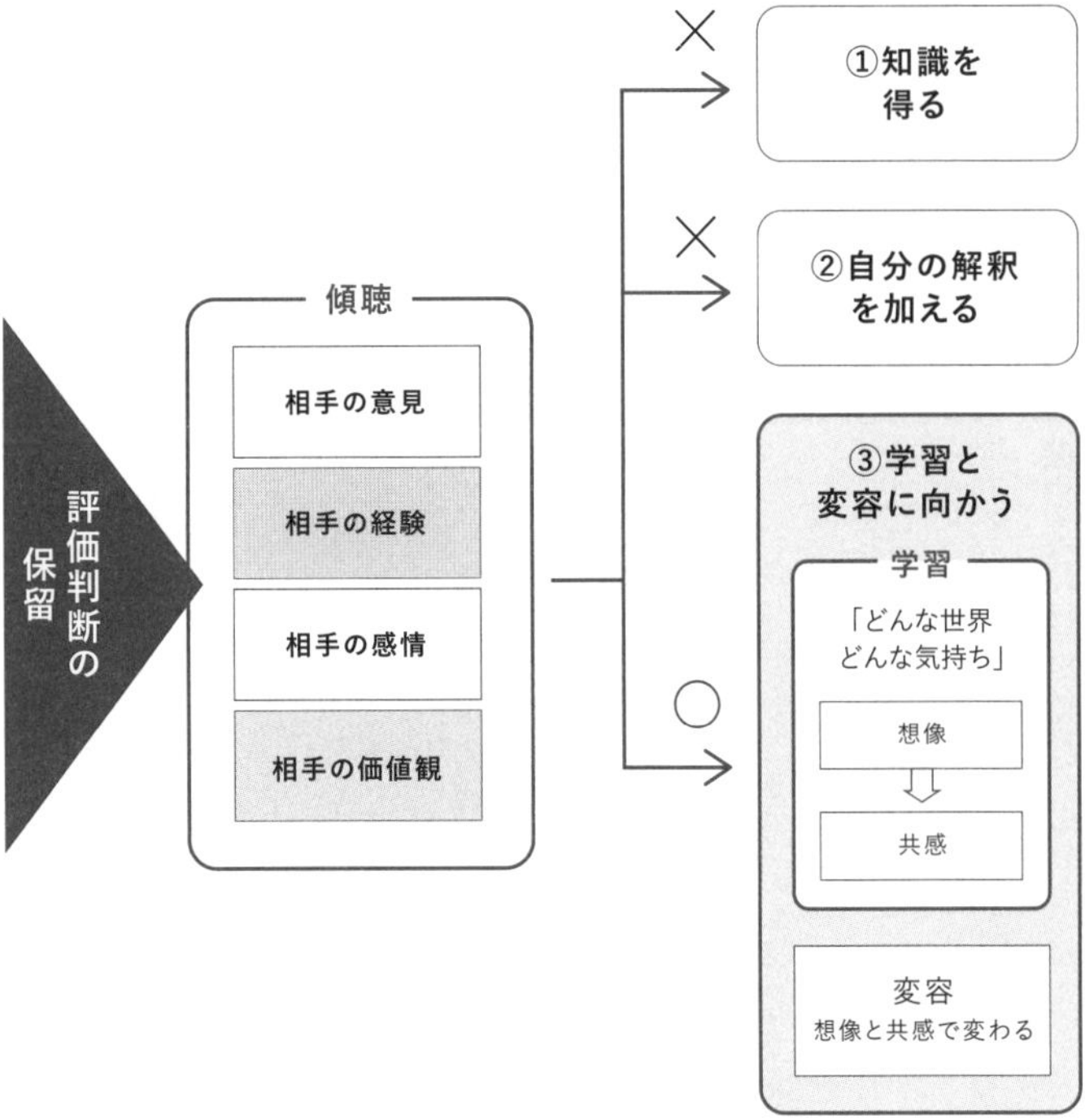

POINT
学習と変容に向かう聴き方をすると
新しいアイディアが生まれる可能性が高まる

アイディアを創出する

インタビューや観察を通して、ユーザーの真のニーズを聴き取ることができたら、問題定義を行います。問題定義でデザイン・ゴールが明確になったら、次は解決策のアイディアの創出を行います。「どうすれば○○○できるか」の問いの答えをみんなで創造します。

そこで、ここからは、アイディアを創出する実践に対話の基礎力を活かす方法について解説します。

アイディア創出のための話し合いは、大きく「拡散」と「収束」の2つのステージに分かれます。話し合いの進め方については、200ページで紹介した「集合知を生成する対話のファシリテーション」を参考にしてください。

アイディア創出において重要な役割を担うのが、「拡散」のパートで行うブレインストーミングです。ここでは、ブレインストーミングを中心に、対話の基礎力の実践方法を紹介します。

デザイン思考のゴールは、顧客の真のニーズに対する最良の解決策を提供することです。しかし、いきなり、最良のアイディアを思いつくことは、とても難しいです。そこで、ブレインストーミングを行い、アイディアを創出します。

ブレインストーミングでは、「どうすれば○○できるか」という問いの形で表現された問題定義に対する解決策を見出すために、クレイジーでワイルドなアイディアをたくさん出すことがゴールです。最良の解決策を見出す成功確率は、アイディアの量によって決まると言われており、質よりも、量にこだわります。

ところが、ブレインストーミングが今ひとつ盛り上がらない場になってしまうという経験が、みなさんにはないでしょうか。

クレイジーでワイルドなアイディアを出す場にもかかわらず、評価判断を保留にできずに、誰かの意見に対する批判を始める人をよく見かけます。

あるいは、自分の思いついた意見を、自ら否定する人もいます。せっかく思いついた自分のアイディアに対して、「こんな意見はくだらないので、発言はやめておこう」と自らを評価し、発言する前にアイディアをボツにしてしまうのは、ブレインストーミングのルール違反です。

ブレインストーミングで、参加者に期待されているのは、クレイジーでワイルドなアイディアを出すことです。**くだらないアイディアのほうが、まともなアイディアよりも優れていると考えましょう。**

通常の会議では、「でも」「しかし」とクリティカルな発言をすることが当たり前かもしれませんが、ブレインストーミングでは、「**いいね。更に（イエス、アンド）**」が合言葉です。

ブレインストーミングでは、みんなでアイディアを出し合い、みんなでアイディアを発展させます。このため、他者のアイディアにも注意を払い、他者のアイディアに自分のアイディアを掛け合わせることも、大歓迎です。

ブレインストーミングの3つの約束

ここからは、ブレインストーミングを成功させるために欠かせない3つの約束について、その実践方法を紹介します。

- 評価判断はしない
- ワイルドなアイディアを奨励する
- 他人のアイディアを活かす

▼評価判断はしない

評価判断の保留が、ブレインストーミングの大事なルールであることはすでにお伝えした通りです。

どんな突拍子もないアイディアが出ても、その場では評価判断を一切しません。一つのアイディアについて深く議論をするのもご法度です。評価判断の保留のスイッチを自分の意思で簡単にオン・オフできるように、日頃から、対話の基礎力を磨きましょう。

例えば、評価判断の保留をできない人の認知の4点セットは、次のようになります。

ブレインストーミングで出た意見（アイディア）

双子の赤ちゃんが乗れるショッピングカート

意見　双子の赤ちゃんを連れた来店客が、どれだけいる？

経験　少子化が進んでいるし、双子が生まれる確率は1%だ。
感情　イライラ
価値観　意見の正しさ

ブレインストーミングで、間違いか、正しいかの評価を始める人がいたら、すぐに、評価判断をしない約束をリマインドしましょう。

生煮えのアイディアにはイノベーションの種が潜んでいます。イノベーションの種がなければ、新しいアイディアが生まれません。生煮えのアイディアを歓迎しましょう。

▼ワイルドなアイディアを奨励する

「ワイルドなアイディア、クレイジーなアイディアを出してください」と言われると、戸惑うかもしれません。勉強や仕事で正しさを追い求めるのに慣れていると、くだらない意見を述べることに、違和感を覚えることもあります。

しかし、常識の範囲で物事を考え続けても、新しい何かを生み出すことはできません。そこで、クレイジーなアイディアを考える際に役に立つ法則を紹介します。

それは、すでに存在するもの、当たり前のことなど、**自分がすでに知っている・経験しているアイディアを避ける**ことです。

例えば、次のようなアイディアはどうでしょうか。

お題　どうすれば、スーパーで買いたい商品をすぐに見つけることができるか？

意見　看板・サインを天井から吊し、カテゴリーを表示する。

経験　大きなスーパーで買い物をする際には、常にカテゴリーの表示を確認し、陳列棚を探す。

これは、すでに誰もが知っている、当たり前のことです。クレイジーでもワイルドでもありません。クレイジーなアイディアは、自分がまだ知らない、経験していないことです。しかし、これではハードルが高く感じられます。

クレイジーでワイルドなアイディアを考えるハードルを下げるために有効なのが、

別の経験を通して知っていることを、組み合わせることです。

先ほどの事例の「どうすれば、スーパーで買いたい商品をすぐに見つけることができるか？」というお題の場合は、「スーパー以外の場所で、何かを探すためにどのような手段を使ったことがあるか」を思い出してみましょう。

事例 クレイジーでワイルドなアイディアを奨励する

Aさん　ホテルに宿泊していたときに、近くのおいしいお店を探すのに、ホテルのコンシェルジュに相談をしたことがある。コンシェルジュのいるスーパーマーケットはどうだろう？

Bさん　いいね。最近、家では、アレクサに何でも相談しているなあ。ショッピングカートに、アレクサが付いていればいい！

Cさん　いいね。それなら、欲しいものを伝えたら、自動運転で棚まで案内してくれるカートはどう？

Dさん　いいね。カートに電子地図が付いていて、カテゴリーや商品のある棚の位置を、視覚的に教えてくれるのもありがたいな。

Eさん　いいね。買い物リストを携帯で入力したら、グーグルマップのように最短距離で買い物が完了できる「店内の歩き方」をナビゲートしてくれると、ありがたい。

▼他人のアイディアを活かす

他人のアイディアを活かすとは、他人のアイディアに乗っかる、というニュアンスです。誰かのアイディアから連想することを発言することで、簡単に、アイディアを広げることができます。

先程の事例をもとに、他人のアイディアを活かすブレインストーミングの様子を確認してみましょう。

事例▼他人のアイディアを活かす

Aさんの意見　ホテルならコンシェルジュ

Bさんの頭の中　ホテル以外の場所は？

Bさんの意見　家ならアレクサ（AI）
Cさんの頭の中　AI技術の活用か？
Cさんの意見　AI技術といえば自動運転
Dさんの頭の中　運転といえば？
Dさんの意見　店内の商品情報がわかる地図
Eさんの頭の中　自動運転と地図といえば？
Eさんの意見　最短距離のナビゲーション

他人のアイディアを聴くことで、次のアイディアが生まれていく様子がわかります。評価モードで人のアイディアを聴いていても、連想は起きません。100％肯定する姿勢で他人のアイディアを受け入れると、他人のアイディアがヒントとなり、新しいアイディアが頭に浮かびます。また、他人のアイディアに乗っかると、簡単に、ワイルドでクレイジーなアイディアができあがります。

拡散でアイディアが生まれたら、それらを整理し投票することで、アイディアを絞り込んでいきます。ゴールは、「どうすれば○○できるか」の答えが見つかり、プロトタイプを作成するための方向性が明確になることです。収束とクロージングの実践方法については、202ページを参照してください。

新しいアイディアと認知の4点セット

最後に、新しいアイディアを発想しやすくする、認知の4点セットの使い方を紹介します。アイディアが出なくて困ったら、実践してみてください。

事例 認知の4点セットでアイディアを広げる

椅子を改良するアイディアを出す会議の場で出た意見です。意見の背景にある経験や価値観からも、アイディアの種を見つけることができます。

意見　椅子が自分で定位置に戻る

経験　会社で椅子を利用した人が片付けず、いつも雑然として散らかっている。

感情（片付けが）面倒、（散らかっていて）イライラ
価値観 整頓された場所で仕事や会議をしたい　効率的に時間を使いたい

「椅子が自分で定位置に戻る」という意見だけを聴くと、すぐに思いつくのは、「定位置から動かせない椅子」などでしょうか。しかし、「整頓された場所で仕事や会議をするための椅子とは？」あるいは、「効率的に時間を使える椅子とは？」と考えると、色々なアイディアが生まれそうです。

意見だけではなく、経験、感情、価値観まで聴くことができると、「なぜそう思ったのか」を理解することができるので、別なアイディアを生み出しやすくなります。「何が大事だと思っているのか」がわかれば、「その大事なことを実現するために、他の方法はないだろうか」と考えることができます。

このアプローチは、ブレインストーミングの約束の一つである「他人のアイディアを活かす」の実践方法とも言えます。

もう一つ事例を紹介します。幸福学の第一人者である前野隆司先生の研究室を訪れ

図4-06 認知の4点セットを活用したブレスト

意見
椅子が自分で
定位置に戻る

次の問い
???

＋

経験
会社で椅子を利用した人が片付けず、
いつも雑然としていて、
散らかっている

感情
片付けが面倒くさい、
散らかっていてイライラ

価値観
整頓された場所で仕事や会議をしたい
効率的に時間を使いたい

次の問い
・整頓された場所で仕事や会議をする椅子とは？
・効率的に時間を使える椅子とは？

POINT
意見だけを元にするよりも
4点で聴き取るほうが次の問いが生まれやすい

て、認知の4点セットを紹介する機会がありました。そこで、認知の4点セットを使い、幸福学を広めるためのアイディアを創出するブレインストーミングを行いました。その事例を紹介します。

事例 **幸福学をもっと広めるためのアイディア**

■ **アイディア1**

意見　首相が広める

経験　首相の発言には、国民が注目する

感情　（日本が変わりそうで）嬉しい

価値観　波及効果のある人から広めたい

「首相が広める」という意見だけではなく、その理由を聴くことができると、「首相の他に、波及効果のある人は、誰がいるだろうか」と、首相以外の国民に影響力のある人のことを考えることができます。

■アイディア2

意見　学校で教える
経験　今は、書籍と大学が中心
感情　(幸せが増えて)幸せ
価値観　いいものは年齢を超える

こちらの意見も、「学校で教える」という意見だけを聴くよりも、「いいものは年齢を超える」という言葉から、あらゆる年齢層の人たちが頭に浮かび、発想を広げることができます。

認知の4点セットを活用したブレストには、アイディアの幅を広げる以外にも、もう一つメリットがあります。それは、「感情」に触れることで、クリエイティブ・テンションが高まることです。

「日本が変わりそう！　嬉しい！」「幸せが増えて幸せ」などのように、夢が叶った姿を想像すると、ワクワクしてきませんか。このように、**認知の4点セットを用いたブレストは、アイディアの連鎖だけに留まらず、クリエイティブ・テンションの連鎖も生み出す**ことができるのです。

みんなで考えれば、一人では思いつかないアイディアが生まれます。

そのためにも、参加者全員でクリエイティブ・テンションを高め合い、評価判断を保留し、クレイジーでワイルドなアイディアをたくさん生み出すブレストを実践していきましょう。

4章のポイント

- 顧客＝真のエキスパートに学ぶためにも、対話の５つの基礎力（メタ認知、評価判断の保留、傾聴、学習と変容、リアルタイム・リフレクション）を活用できる。

- インタビューでは自分の解釈を加えず、相手の意見の背景にある経験、感情、価値観を聴き取る。価値観の中から矛盾や共通点を探すことで、本人も気づいていないインサイトを見つけることができる。

- ブレインストーミングのゴールは、クレイジーでワイルドなアイディアをたくさん出すこと。生煮えのアイディアにはイノベーションの種が潜んでいるので、評価判断の保留をして、歓迎するのが鉄則である。

- 新しいアイディアを生み出す際にも、認知の４点セットを活用できる。相手の意見（アイディア）だけではなく、その背景にある経験、感情、価値観まで聴き取ることで、「なぜそう思ったのか」を理解することができるため、別のアイディアを生み出しやすくなる。

第5章

厄介な問題解決のための対話

厄介な問題解決のための対話力

第4章では、新しいものを生み出すために対話を共創力に活かす実践方法を紹介しました。第5章では、厄介な問題を解決するための対話の実践方法を紹介します。

複雑で厄介な問題解決にも、対話力が欠かせません。その理由は、厄介な問題解決には、シンプルな問題解決とは違う3つの特徴があるからです。

厄介な問題解決の3つの特徴

▼一人のレンズでは、問題の全容を把握できない

厄介な問題は、原因と結果が複雑に絡み合い、多くの場合、たくさんのステークホルダーが関わり、その活動を通して問題が生み出されています。このため、どれほど優秀な人も、厄介な問題の全容を一人で捉えることはできません。また対話力がなければ、問題の全容を捉えることができません。

▼一人では問題を解決できない

問題を解決するためには、多様なステークホルダーが参画する必要があります。その問題に関わるすべての人たちが、問題の一部となっているからです。多様なステークホルダーが、共に問題を解決するためには、ありたい姿と現状認識で合意する必要があります。このためにも、対話力が役立ちます。

▼問題を生み出した思考では、問題を解決できない

アインシュタインの「いかなる問題も、それが発生したのと同じ思考で解決するこ

とはできない」という言葉の通り、問題を生み出した思考では、問題を解決することはできません。問題に関わるすべての人が、ものの見方を転換することで、問題解決につながります。このため、対話の4番目の基礎力「学習と変容」が問題解決の鍵を握ります。

厄介な問題解決力に対話を活かす

先述のような特徴がある厄介な問題解決のためには、対話する上でも特に留意する点があります。問題の全容を理解し、ものの見方を転換させるために、次の5つに意識を向けます。

- 他者が捉えた事実
- 他者の解釈
- 他者の解釈の背景にある経験
- 他者の解釈の背景にある価値観

■ 対話のリフレクションと自己変容

なぜ、この5つが大切なのでしょうか。一つずつ解説します。

▼他者が捉えた事実

厄介な問題を理解するのは、パズルのピースをつなぎ合わせる作業に似ています。他者が捉えた事実を集めることで、自分一人では捉えることができない問題の全容を捉えることが可能になります。

そのためにも、まず**「自分自身が捉えている問題は全容ではなく、一部分である」**という認識を持つことが大切です。そして**「誰と対話を行えば、問題の全容を捉えることができるか」**を考えましょう。

その世界に存在する多様性を把握し、主要な関係者と対話を行うことで、問題の全容が捉えやすくなります。また、自分の問題に対する理解に、大きなピースが欠けてないかを点検しましょう。

▼他者の解釈

244ページでは、事実と解釈を分けることで、一つの事実に対する解釈の可能性を広げることができると解説しました。

厄介な問題解決においても、**事実と解釈を分けて相手の話を聴くことで、実際に起きていることの全容を知ることが可能になります。**

また、他者の解釈を知ることで、自分とは異なるレンズが、その現実をどのように捉えているのかを理解することができます。

ある現実に対する自分の解釈が、他者と同じなのか、違うのか、一般的なのか、特異なのかを知ることで、自分のものの見方を点検することもできます。自分のものの見方が特異な場合には、今の現実を生み出す多くの人が持っている「ものの見方」を、自分自身が理解していない可能性もあります。

▼他者の解釈の背景にある経験

他者の解釈をより正しく理解するために役立つのが、**解釈の背景にある経験**を知ることです。特に、自分が拾っていない事実に目を向けている人や、自分では思いつかないような解釈を行っている人の経験は、貴重な情報源です。

厄介な問題の全容を理解するために、他者の解釈の背景にある経験を知ることは、とても有益です。他者の経験を聴き取る際に、「想像」と「共感」を実践すると、現実(問題)への理解が深まります。また、経験を想像し、共感することができると、問題解決の手段を考える際にも人々の反応を想像できるので、問題解決力を高める効果があります。

▼他者の解釈の背景にある価値観

最後のピースは、価値観です。私たちの持つ価値観やものの見方がレンズとなり、特定の事実を拾い、事実に解釈を加えています。また、価値観は、私たちの感情や思考に影響を及ぼし、行動にも反映されます。したがって、**私たちの価値観やものの見方が、現実を作り出している**と考えることができます。

後ほど紹介する氷山モデルの実践方法においても、問題が生まれる根本原因を特定する際に、人々のメンタルモデルに注目します。

厄介な問題を正しく把握するために、他者の捉えた事実、事実に対する解釈、背景にある経験、価値観の4点に意識を向けて、パズルのピースをつなぎ合わせていきましょう。

▼対話のリフレクションと自己変容

対話を通して、他者の捉えた事実、事実の解釈、解釈の背景にある経験と価値観を情報として整理できたら、次は、リフレクションの出番です。

■対話を通して得た情報についての問い

対話を通して得た情報についてリフレクションを行います。

- 私が捉えていなかった事実は何か
- 私とは異なるどのような解釈があるのか
- 私の知らないどのような経験があるのか
- どのような価値観やものの見方が存在するのか

■自己変容のための問い

次に、その情報を得たことで、自己の内面に起きた変化についてリフレクションを行います。

- 対話を通して、自分の考えにどのような変化が生まれたのか
- 対話を通して、自分のものの見方にどのような変化が生まれたのか

厄介な問題解決に取り組む際には、この2つの問いを常に持ち、問題解決に役立つものの見方の転換が何かを模索し続けてください。

厄介な問題解決とシステム思考

ここからは、厄介な問題解決に欠かせないシステム思考の実践に、対話力を活かす方法を紹介します。

システム思考は、大局の流れを読み、全体像を把握しながら、本質的で持続的な働きかけを探るアプローチです（チェンジ・エージェントＨＰ https://www.change-agent.jp より引用）。

システム思考は、厄介な問題の根本原因を把握し、問題を解決するために欠かせないアプローチです。今日、私たちが直面する問題は厄介なものが多く、気候変動や格差問題、紛争の解決にも、多くのシステム思考の専門家が参画しています。

厄介な問題は、気候変動のような大きなテーマばかりではありません。現在、多くの企業が取り組む働き方改革も、デジタル・トランスフォーメーションも、シンプルではなく、厄介な問題です。

一生懸命取り組んでいるのに成果が上がらないことは、厄介な問題と捉え、システム思考のアプローチで問題解決に取り組むことをおすすめします。

システム思考には、聞き慣れない用語が多いため、理解するのが難しいと感じる人も多いです。そこで、システム思考に関する代表的な用語を解説します。

▼システム

多くの人を混乱させるのが「システム」という用語です。システムという言葉を聴くと、ＩＴシステムなど技術に関する事柄をイメージするのではないかと思います。

システム思考におけるシステムとは、目的と、要素と、要素のつながりの3つで表されるものを指します。私たちの体も、自動車も、野球などの競技も、目的と要素と要素のつながりとして捉えることができるので、システムと言えます。

システム思考の特徴は、要素のつながりに注目することです。私たちが慣れているのは、物事を分解して整理する思考法なので、つながりを探すことに慣れる必要があります。

左のページに、システム思考者の14の習慣を挙げています（図5－01）。こちらを参考に、普段の生活にもシステム思考を取り入れてみてください。

▼ループ図

システムの主要な要素と、それらに影響を与える要素や影響を受ける要素を洗い出し、要素間の因果関係を矢印で結びながら、要素間の相互作用（フィードバックループ）を見出すためのツールです。

今起きているパターンを説明し、関係者が納得できるループ図を描き、対話によって理解を深めることで、効果的な働きかけを探るためのツールとしても活用します。

図5-01 システム思考者の習慣

01 「ビックピクチャー」を理解しようとする

02 システムの中の要素が時間と共に変化し、パターンや傾向になる様子を観察する

03 システム構造が行動を生み出すことを認識する

04 原因と結果の関係は循環することを認識する

05 理解を深めるためにものの見方を変えてみる

06 仮説を明確にし、検証する

07 問題を十分に理解し結論を急がない

08 メンタルモデルが現状や未来に与える影響を考える

09 可能なてこ入れ行動を見極めるために、システム構造を理解する

10 アクションの結果を短期・長期の両面から考える

11 予期せぬ結果がどこから現れるかを探る

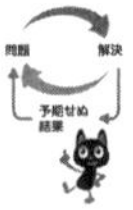

12 時間の遅れが原因と結果の関係に与える影響を知る

13 結果を点検し、必要ならアクションを変えて、少しずつゴールに近づく

14 システムの中の要素をわかりやすくつなげる

※Waters Foundation, Systems Thinking in Schools 版を参考に
クマヒラセキュリティ財団が作成

▼時系列変化パターングラフ

システムの主要な要素の、**過去から現在、未来までのパターンを折れ線グラフで描きます**。中でも関心の高い要素に関しては、未来に向かって「望ましいパターン」「このままのパターン」など複数のパターンを描きます。

定量的な分析を行う際には、ループ図などのシステム図と相互に行き来しながら、量的なレベルについての検討に活用します。

▼氷山モデル

氷山モデルは、その名前の通り、物事の全体を一つの氷山として捉えます。氷山は、大きく2つのパートに分かれます。一方は目に見えるもの、もう一方は目に見えないものです。

私たちは、目の前に不都合な事象が現れると、その事象を問題だと捉えます。これが、目に見えるものです。しかし、これは氷山の一角です。水面下には、目に見えない、大きな氷山が隠れています。

氷山モデルを活用する問題解決では、**水面下の大きな氷山に注目し、問題の根本原因を突き止め、問題解決を行う**ことを奨励します。

問題解決に取り組んでいるときに、状況が改善されるどころか、状況が更に悪くなった経験はありませんか。それはおそらく、水面下の氷山にアプローチしておらず、問題の根本原因を取り除くことに成功していないからです。

氷山モデルの活用方法は、次のページから詳しく説明します。

▼システムへの介入

最後に紹介するシステム思考の用語は、「システムへの介入」です。

システム思考では、厄介な問題を一つのシステムと捉え、問題解決のためにシステムに働きかける方法を模索します。このため、システム思考では、問題解決のアクションを「**システムに介入する**」と言います。

問題の全容を捉えるための対話
――氷山モデル

厄介な問題解決は、まず問題の全容を捉えることから始めます。そのためには、自分が見えている世界だけで判断せず、対話を通して色々な視点から見つめることが必要です。

ここで、改めて、氷山モデルの定義を確認しておきましょう。

氷山モデルは、「目に見える事象」を問題と捉えるのではなく、目に見えない「問題の根本原因」を特定し、問題解決を行うためのツールです。

氷山モデルを活用し、今まで何が起きていたのかを、中長期のパターンとして捉え、その背景にある構造やシステムを可視化し、構造やシステムに影響を及ぼしてい

図5-02 氷山モデル

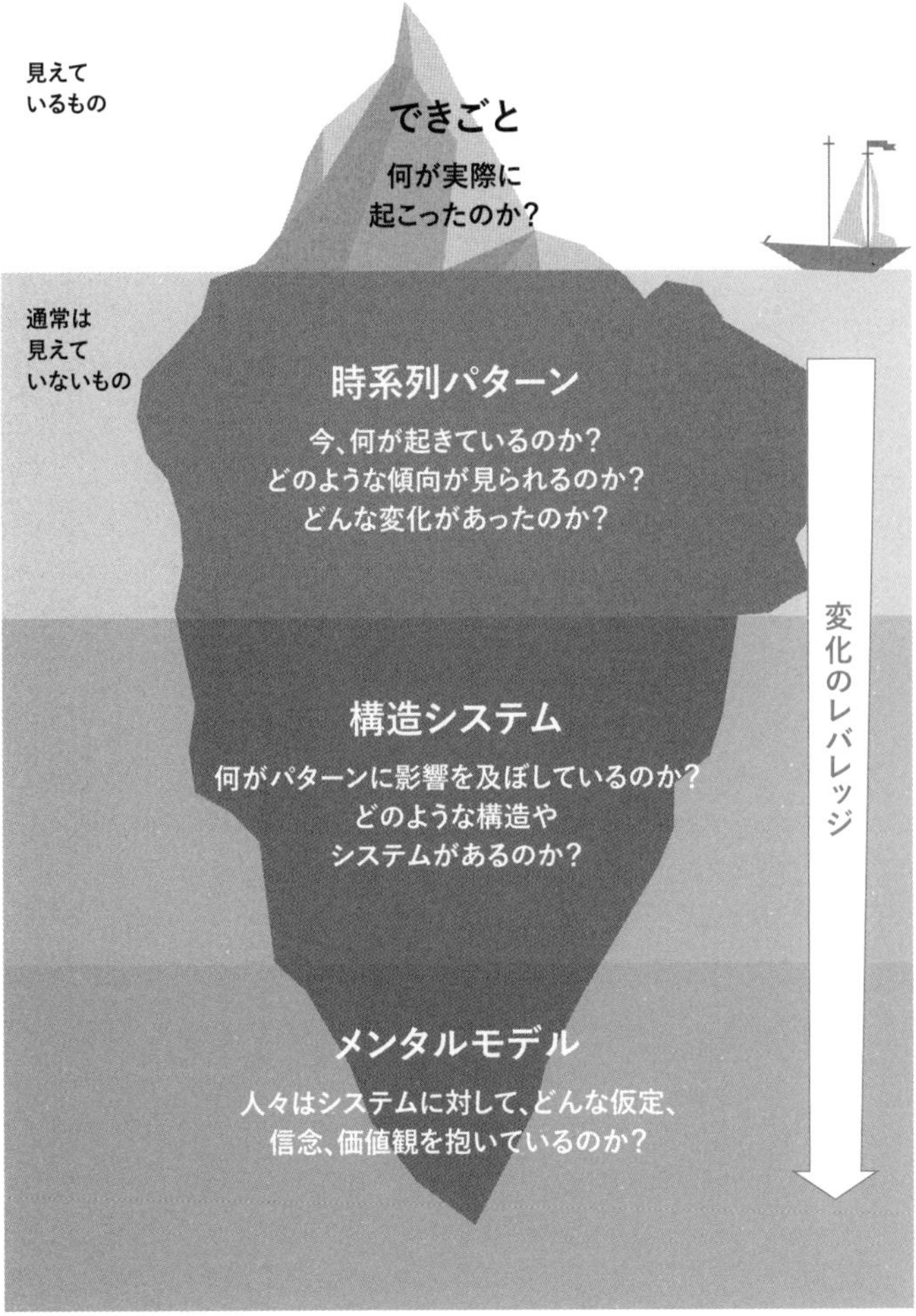
見えているもの
できごと
何が実際に起こったのか?
通常は見えていないもの
時系列パターン
今、何が起きているのか?
どのような傾向が見られるのか?
どんな変化があったのか?
構造システム
何がパターンに影響を及ぼしているのか?
どのような構造やシステムがあるのか?
メンタルモデル
人々はシステムに対して、どんな仮定、信念、価値観を抱いているのか?
変化のレバレッジ

出典:21世紀学び研究所より

る人々のメンタルモデルを理解することで、問題の根本原因が明らかになります。

ここからは、厄介な問題を解決するために、氷山モデルを使った対話の実践方法を紹介します。テーマは、企業における組織開発についてです。

ありたい姿

組織のパーパスやビジョンに基づいて、自ら考え行動する自律型人材であふれる組織を実現したい

ここからは、このありたい姿を念頭に、氷山モデルを使いながら対話を行い、ありたい姿と現状のギャップを明らかにしていきましょう。

「ステップ1　目に見えるものを明らかにする」「ステップ2　事実の背景にある原因を探る」の2つのステップで行います。

ステップ1

目に見えるものを明らかにする

最初のステップは、今起きていることを正しく理解することです。そのために対話を行いました。

問い　今、起きていることは何ですか?
Aさんの意見　エンゲージメント調査の結果が芳しくない。
Bさんの意見　パーパスやビジョンが浸透しない。
Cさんの意見　自ら考え行動する人材が少ない。
Dさんの意見　リモートワークが始まり、仕事以外のコミュニケーションが減った。

これらの意見には、事実と解釈が混在しているので、まずは、事実を正しく理解することから始めます。

▼事実（目に見えるもの）を捉える

問い　その意見の根拠となる具体的な事実を教えてください。

Aさんの意見　エンゲージメント調査の結果が芳しくない。

事実　3年前からエンゲージメント調査の結果が悪く、様々な施策を打ってきたが、今年のエンゲージメント調査の結果が、昨年よりも更に下がった。

Bさんの意見　パーパスやビジョンが浸透しない。

事実　パーパス経営を目指す方針を打ち出しているが、社員は、パーパスと日々の仕事をつなげる機会がない。ビジョンを語れる人も少ない。

Cさんの意見　自ら考え行動する人材が少ない。

事実　言われたことは責任を持って遂行するが、自ら考え行動する人は少ない。

Dさんの意見　リモートワークが始まり、仕事以外のコミュニケーションが減った。
事実　コミュニケーションがオンライン会議になり、仕事の話が中心となり部下との雑談がなくなった。

4人の意見から明らかになった事実が、氷山モデルの「目に見えるもの」に当たります。

事実（目に見えるもの）
- 3年前からエンゲージメント調査の結果が悪く、様々な施策を打ってきたが、今年のエンゲージメント調査の結果が、昨年よりも更に下がった。
- パーパス経営を目指す方針を打ち出しているが、社員は、パーパスと日々の仕事をつなげる機会がない。ビジョンを語れる人も少ない。
- 言われたことは責任を持って遂行するが、自ら考え行動する人は少ない。
- コミュニケーションがオンライン会議になり、仕事の話が中心となり、部下との雑談がなくなった。

事実が明らかになったら、事実の背景にある原因を探っていきます。事実は4つ挙げていますが、ここでは「言われたことは責任を持って遂行するが、自ら考え行動する人は少ない」という事実を用いて解説します。

ステップ2　事実の背景にある原因を探る

ここからは、**水面下にある氷山の塊を眺めるプロセス**に入ります。目に見えないものを見るとはどういうことなのか、何を見ることなのか、一緒に学んでいきましょう。

時系列変化パターンを見つける

最初のツールは、**時系列変化パターン**です。時系列変化パターンでは、事実に影響を及ぼしている要素を洗い出し、その要素が、時系列にどのように変化しているかを把握します。変化の傾向は、「**増加**」「**減少**」「**横ばい**」の3つに集約されます。

縦軸に変化の傾向、横軸に時間の経過を表すグラフをイメージしてください。

事例では、「言われたことは責任を持って遂行するが、自ら考え行動する人は少ない」という事実の背景にある、この事実に影響を及ぼしている要素を5つ挙げてみました。

■要素① 指示命令型の管理者の数：一定

組織には指示命令型の管理者が多く、日々の業務では言われたことを遂行する社員が高く評価される。

■要素② 目標管理の徹底（細かさ）：増加

目標管理の徹底（細かさ）は、経営環境が厳しくなる中、増している。このため社員の多くは、言われたことを遂行することに意識を集中させている。

■要素③ 経営環境の変化（大きさ）：増加

経営環境が変化しているので、目標管理を徹底しても、これまでと同じ成果を出すことができないため、目標管理の徹底度は更に増していると思われる。
変化のスピードは早く、持続可能な発展には、新たな価値創造が必要になる。

■要素④　失敗の許容度：減少

過去には、部下が主体的に行動することを奨励し失敗を許容していたが、最近では失敗を許容しなくなった。その結果、言われたことをしっかりと遂行する人材が評価され、失敗は評価されない。そのため、主体的に行動することに価値や意義を感じる人が減った。

■要素⑤　上司と部下の仕事以外のコミュニケーション：減少

上司と部下の仕事以外のコミュニケーションは減少していて、上司とのコミュニケーションは、仕事の進捗と目標管理に関することが主流になっている。その結果、部下からすると、主体的に行動することを期待されていることに気づけない状態になっている。

図5-03 時系列変化パターングラフ

→ 一定
要素①
指示命令型の
管理者の数

↗ 増加
要素②
目標管理の徹底
（細かさ）

↗ 増加
要素③
経営環境の変化
（大きさ）

↘ 減少
要素④
失敗の許容度
減少

↘ 減少
要素⑤
上司と部下の仕事以外の
コミュニケーション

POINT
要素が時間によってどのように変化するか
「増加」「減少」「横ばい」の3つに整理する

▼ループ図を書く

次に、時系列変化パターンで洗い出した要素を使って、ループ図を書いてみましょう。ループ図を書く狙いは、どのような要素がつながりを持ち、今の現実を作り上げているのかを捉えることです。ループ図で因果関係を把握することができると、望ましい変化を加速させることも、望まない変化を止めることも容易になります。

ループ図は2種類あります。

一つは、バランス型ループです。バランス型ループでは、プラスとマイナスの働きをする要素が存在するので、因果関係は現状維持に向かいます。

もう一つは、自己強化型ループです。自己強化型ループでは、すべての要素が、増加または、減少いずれかで統一されているため、一方向に向かう変化が起きます。

ループ図には、何のシステムを描いているのかを明確にするために、タイトルをつけます。タイトル名は、「なぜ〇〇なのか」という問いで表します。

タイトル名 なぜ自ら考え行動（チャレンジ）する人は増えないのか

■時系列変化パターンで出てきた要素

- 指示命令型の管理者の数
- 目標管理の徹底（細かさ）
- 経営環境の変化（大きさ）
- 失敗の許容度
- 上司と部下の仕事以外のコミュニケーション

■ループ図を書く際に、新たに加えた要素

- 言われたことを、責任を持って遂行する人の数
- 主体的に考え行動（チャレンジ）する人の数
- 目標達成
- チャレンジによる成果
- 上司と部下の相互理解

図5-04　ループ図

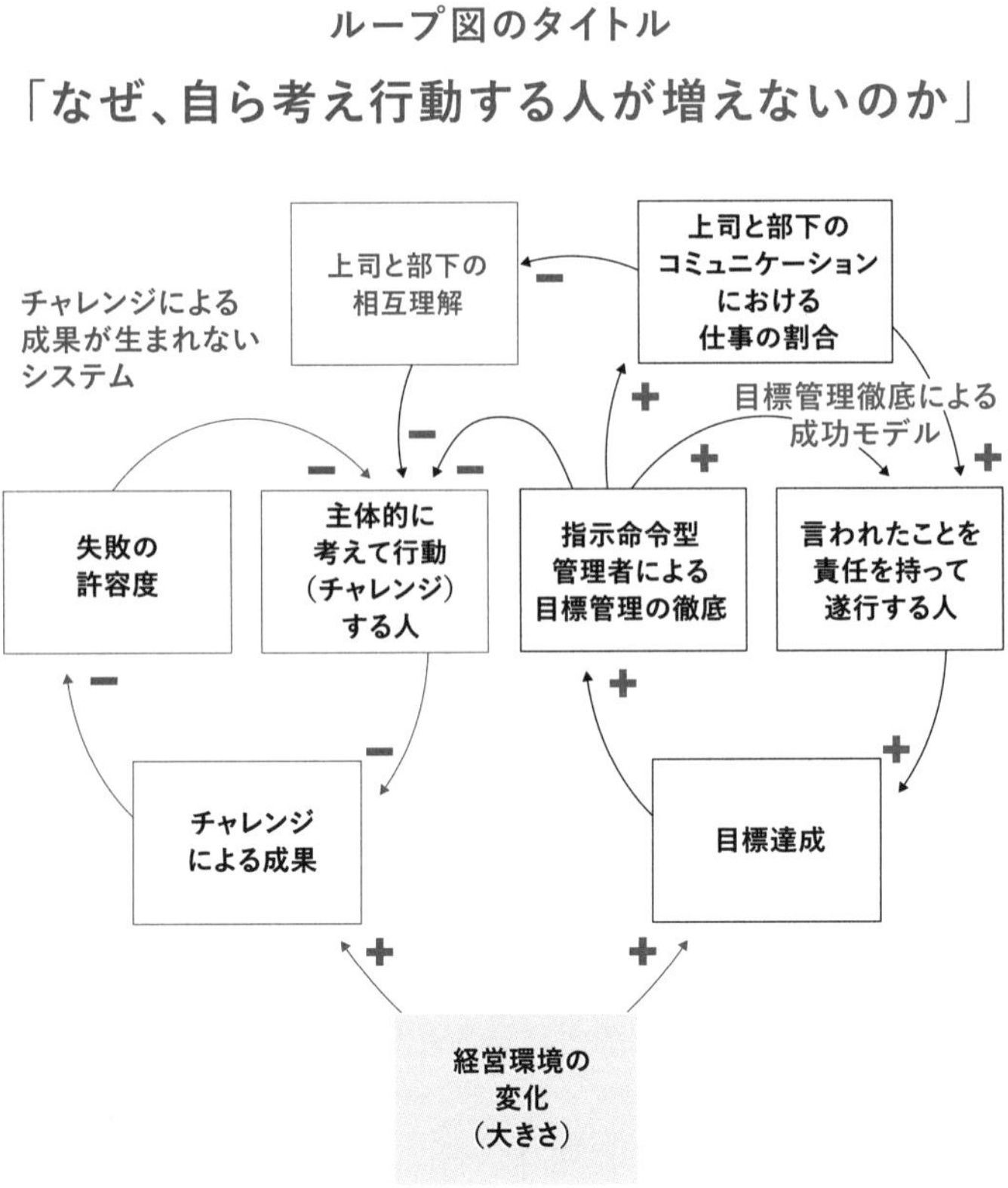

協力：福谷彰鴻氏（システム思考教育家）

POINT

要素のつながりを可視化し、現状を捉える

ループ図を描くことで、自ら考え行動する人が増えない理由が見えてきました。

責任を持って言われたことを遂行する人は、目標管理を徹底することで、目標を達成します。この成功モデルは、管理者にとっても望ましい状態なので、管理者は指示命令型の管理スタイルを続けます。目標を達成した人は評価されるので、責任を持って言われたことを遂行する人であり続けようとします。

また、上司と部下のコミュニケーションの大半が目標管理に関することであれば、「上司や組織が、主体的に考え行動（チャレンジ）することを社員に期待している」というメッセージが部下に届く可能性は低いです。

目標達成が評価される組織では、失敗を評価されることはなく、社員に主体的に考え行動（チャレンジ）するメリットはありません。

ループ図を描き、要素と要素を線で結び、原因と結果の因果関係を理解することができると、現実をどのような要素が支えているのかを俯瞰することができます。

要素と要素のつながりは目に見えないものですが、ループ図を活用することで、因果関係が可視化されます。

▼構造を捉える

時系列変化パターンとループ図で、どのようなシステムが今の現実を作り上げているのかを理解したら、次は、**どんな構造や仕組みがそのシステムを支えているのか**に注目します。構造には、**制度や仕組み**が含まれます。

この事例では、目標管理の徹底による成功モデルを支えているヒエラルキー構造、目標管理制度、評価制度を挙げます。

▼メンタルモデルを捉える

次に、メンタルモデルを明らかにしましょう。氷山モデルでは、**メンタルモデル**には、**現実を変える最も大きな力が備わっている**と考えます。あらゆる現実は、人間の営みが作り出していると考えれば、当然のことかもしれません。

ループ図を眺めながら対話をして、このシステムに関わる人たちのメンタルモデルを洗い出してみましょう。この際にも、多様な立場の人にループ図を眺めてもらい、メンタルモデルの違いを理解することが大切です。対話を通して、ループ図に新たな要素が加わることも珍しくありません。

■言われたことを、責任を持って遂行する人のメンタルモデル

- 目標達成に貢献したい（足を引っ張りたくない）
- 周囲に認められたい
- 上司の期待に答えたい
- 上司から高い評価を得たい
- 有能であることを証明したい

■目標管理を徹底する上司のメンタルモデル

- 目標必達が使命である
- 目標必達には目標管理の徹底が欠かせない
- 組織の目標を達成できるリーダーでありたい

■経営陣のメンタルモデル

- 将来のために、新規事業の創出は不可欠である
- 目標管理を徹底するだけでは、持続可能ではない
- チャレンジする人材が未来を創る
- 業績目標の必達も、新規事業創出も、どちらも大事
- 業績目標の必達も、新規事業創出も、同時に実現できるはずである
- 持続可能な発展のための土台を創るのは経営の使命
- 株主の要請に答えるのも、経営の使命

■主体的に考え行動（チャレンジ）する人材のメンタルモデル

- 前例のないことにチャレンジするのは楽しい
- 新しい事業を創出したい
- 言われたことをやるだけでは、自分の存在意義がない
- みんなと一緒に、一つの目標に向かって邁進するのは楽しい

対話では、認知の4点セットで、メンタルモデルに対する理解を深めます。いくつか、例を挙げてみます。

■言われたことを、責任を持って遂行する人のメンタルモデル

意見　組織目標を達成するために、みんな頑張っている。自分が成果を出せないで、組織目標達成の足を引っ張ることだけは避けたい。

経験　過去に、個人目標を達成することが難しいメンバーがいたときに、他のメンバーで力を合わせて、組織目標を達成させた経験がある。当時は達成感があったが、自分が足を引っ張る存在になるのはいやだ。

感情　（みんなの足を引っ張ることを想像すると）辛い

価値観　期待に応える、使命を果たす

■経営層のメンタルモデル

意見　主体的に考え行動（チャレンジ）する人を増やしたい。

経験　現在の事業で目標管理を徹底しても、成長には限界がある。わが社は、これまでも新規事業を創出し、持続可能な発展を遂げてきた。新規事業の創出には、主体的に考え行動（チャレンジ）する人の存在が欠かせない。

感情　（新規事業の可能性）ワクワク、（主体的に考え行動する人が少ない）不安

価値観　会社の持続可能な発展、新規事業の創出

■管理職のメンタルモデル

意見　目標必達には、目標管理の徹底が欠かせない。

経験　経営環境が変化する中、確実に成果を上げるために、目標管理の徹底を心がけている。進捗管理を徹底し、行き詰まっている部下がいたら早期に支援を行っている。

感情　（目標達成）嬉しい、（目標未達）申し訳ない

価値観　使命と責任を果たす、目標を達成する

お互いのメンタルモデルを理解することで、主体的に考え行動（チャレンジ）する人

図5-05 氷山モデルで課題を捉える

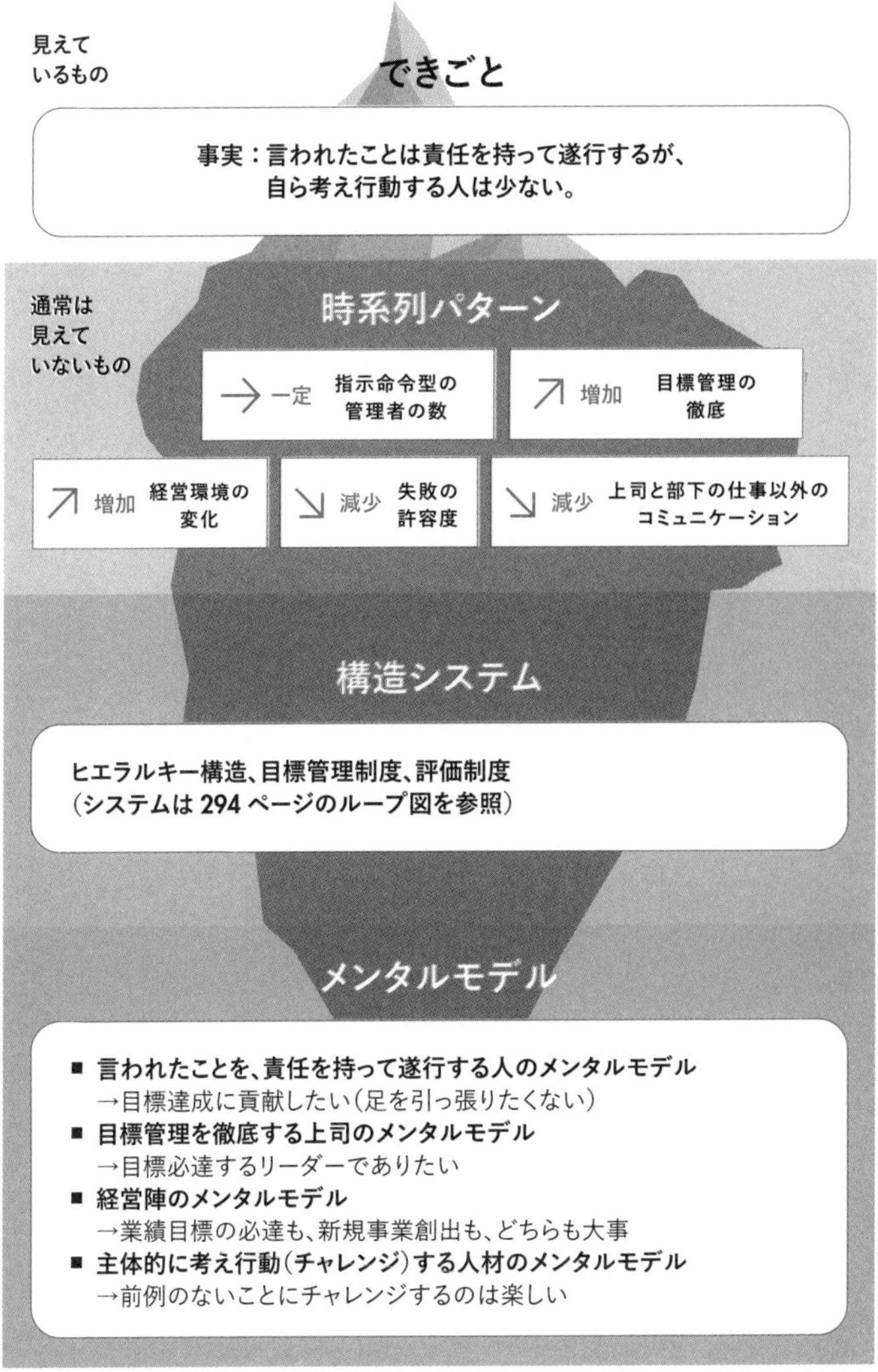
見えているもの
できごと
事実：言われたことは責任を持って遂行するが、
自ら考え行動する人は少ない。
通常は見えていないもの
時系列パターン
→ 一定 指示命令型の管理者の数
↗ 増加 目標管理の徹底
↗ 増加 経営環境の変化
↘ 減少 失敗の許容度
↘ 減少 上司と部下の仕事以外のコミュニケーション
構造システム
ヒエラルキー構造、目標管理制度、評価制度
(システムは 294 ページのループ図を参照)
メンタルモデル
■ 言われたことを、責任を持って遂行する人のメンタルモデル
→目標達成に貢献したい(足を引っ張りたくない)
■ 目標管理を徹底する上司のメンタルモデル
→目標必達するリーダーでありたい
■ 経営陣のメンタルモデル
→業績目標の必達も、新規事業創出も、どちらも大事
■ 主体的に考え行動(チャレンジ)する人材のメンタルモデル
→前例のないことにチャレンジするのは楽しい

が増えない原因を、自分の外ではなく、自分の内に探すことができます。

課題の原因は、目標管理制度や評価制度だけではなく、それを運用している自分自身のメンタルモデルも、その一部になっているのです。

問題の全容を捉えるための対話の目的

氷山モデルの活用では、対話が欠かせません。一人では、厄介な問題の全容を理解することも、問題を解決することもできないからです。

ここまでのプロセスの中で対話を行う目的は、次の7つです。

■目的1：氷山モデルを描く

対話を通して、「出来事」と出来事の背景にある「時系列変化パターン」「ループ図」「構造」「メンタルモデル」を探究します。

■目的2：自分が参画しているシステムをより深く理解する

描いた氷山モデルを眺め、対話を通して、多様なレンズでより深くシステムを理解します。

■目的3：自分の立場でシステムを眺める

自己の内面をメタ認知して、自分の立場でシステムがどのような意味を持つのかを明らかにします。

■目的4：システムに影響を及ぼす自己のメンタルモデルと、他者のメンタルモデルを理解する

システムに影響を及ぼす自己と他者のメンタルモデルを、認知の4点セットで捉え理解します。

■目的5：問題の本質を見極め、誰もが問題の一部であるという認識に立つ

誰かに責任の矢印を向けるのではなく、誰もが自分に矢印を向けることで、問題が解決する可能性が一気に高まります。

■**目的6：ビジョンを形成する**

「我々は、何のために、どのような問題解決に臨もうとしているのか」を問いかけます。

■**目的7：システムのどこに介入すればよいのかを考える**

ビジョンを実現するためのアクションを考えます。

厄介な問題解決は、シンプルな問題解決よりも、少し長めの思考が求められます。シンプルな問題解決では、すぐにアクションを起こすことで問題を解決することができます。

しかし、厄介な問題解決では、すぐにアクションを起こしても、問題を解決することはできません。ありたい姿を実現するための解決策を見出すには、対話を通して問題の全容を捉えることが大切です。

氷山モデルの全体像を捉えられたら、システムに介入していきます。次のページからは、問題を解決するためにシステムのどこに介入すればよいのかを検討し、アクションについて考える実践方法を紹介します。

システムに働きかける

氷山モデルで問題の全容を把握したら、次はいよいよ問題解決です。

システム思考では、システムのどこに働きかけることが最も効果が高いかを考えます。てこの原理と同じなので、働きかけるポイントを、レバレッジ（てこ）ポイントと呼びます。

レバレッジポイントを探す際には、ループ図の中で、最も多くのつながりを持つ要素に注目します。先ほどの事例では、目標管理の徹底が、それにあたります。目標管理の徹底は、目標達成につながる大切な要素ですが、責任を持って言われたことを遂行する人を増やす要因であり、また、自ら考え行動する人が増えない要因と考えられます。

では、目標を達成する今のシステムを維持しつつ、自ら考え行動（チャレンジ）する人を増やすためには、どのような要素をシステムに加えることができるでしょうか。

例えば、上司と部下の目標管理以外のコミュニケーションの手段として、1on1の導入が考えられます。1on1では、目標管理以外のテーマで話すことができます。上司は部下が何に挑戦したいのか、部下が何に興味や関心を持っているかなどを知ることができるので、部下のやりたいことを後押しすることが可能になります。その結果、部下が自ら考え行動する機会を与えることができるかもしれません。

新規事業コンテストなど、誰もがチャレンジできる企画を始めるのもよいかも知れません。あるいは、3Mやグーグルが実施している20%ルールを参考に、自分の考えるテーマにチャレンジできる時間を、予め設定するという方法もあるでしょう。

システムに働きかける厄介な問題解決では、氷山モデルと共に、もう一つ実践してほしいアプローチがあります。それが、セオリー・オブ・チェンジです。ここからは、セオリー・オブ・チェンジのアプローチで、問題解決の道筋を描く方法を紹介します。

氷山モデルは、全員で問題の全容を捉えるためのアプローチ、セオリー・オブ・チェンジは、全員で問題解決のアクションを行うためのアプローチです。

セオリー・オブ・チェンジを活用する問題解決

セオリー・オブ・チェンジ（以下ToC）という言葉で、すでにチェンジのためのセオリーが存在していると思われた方もいるのではないでしょうか。しかし、このセオリーは、**自分が解決したい問題をテーマに、自ら創るセオリー**です。

私が初めてToCを使用したのは、ティーチ・フォー・ジャパンという教育NPOの立ち上げに従事していたときです。この団体は、ティーチ・フォー・オールというグローバル組織の日本支部で、立ち上げ時にたくさんの指導を受けることができました。そのときに出会ったのがToCでした。ToCを描くことで、不確実な中でも、安心して、問題解決のアクションに取り組むことができました。

ToCは、ソーシャルエンタープライズや国際開発など、お金以外で事業の社会的な「成果」を可視化し、計測や検証するためのフレームワークとして、世界中で使われています。

活動の社会的インパクトを具体的な構造として示し、軌道修正を加えながら、短期、中期、長期の時間軸で目標を達成するために有効なアプローチです。

このアプローチは、厄介な問題解決にも活用できます。ToCを活用することで、変化を起こすためのロジックを明確にすることができます。また、ロジックが可視化されるので、アクションの過程においても、関係者のベクトルを合わせやすくなります。

ToCを活用する問題解決では、アクションを起こす前に、以下の4つのことを明確にします。

■現状とありたい姿
■課題の定義
■変化の仮説
■ロジックモデル（自ら創るセオリー、ToC）

先程の例で、ToCの実践方法を紹介します。

▼現状とありたい姿を明確にする

まずは、現状とありたい姿のギャップを明確にします。

現状

言われたことは責任を持って遂行する人は多いのに、自ら考え行動する人は増えない。

良い点は、目標達成に誰もが責任を持っていること。

しかし、持続可能な発展に必要な新規事業の創出が進まない。

ありたい姿

自ら考え行動（チャレンジ）する人を増やし、目標達成と新規事業の創出を共に実現する組織になる。

▼課題を定義する

課題を定義するためには、誰のどんなニーズが満たされていないことが問題なのかを明らかにします。ここにも、デザイン思考の人間中心デザインの考え方が活かされています。

誰の立場で捉えるかにより課題の定義は変わります。事例の課題についても、上司の立場で捉えるのか、社員の立場で考えるのか、経営の立場で捉えるのかによって、課題の意味づけが変わる可能性があります。

296ページから明らかにしたメンタルモデルでは、管理職は自らの使命を「目標必達」だと捉えており、部下も上司の指示に従い目標を達成することに意識を向けています。このため、彼らのニーズはある程度満たされていると考えることができます。
一方で、経営陣は、現状の延長線には組織の発展がないと考えているので、経営陣のニーズが満たされていません。もちろん、部下にもっと主体的に動いてほしいと感じている管理職がいるかもしれませんし、もっと自由に動くことを望んでいる部下もいるかもしれませんが、この事例においては紙面の都合上、経営陣の満たされないニーズに焦点を当てることにします。本来はもっと広いニーズを聴くことが必要になることもあります。

誰のどんなニーズが満たされていないのか

経営陣の「自ら考え行動（チャレンジ）する社員が増えることで、新規事業の創出を実現したい」というニーズ。

誰のどんなニーズが満たされていないのかが明らかになったら、次は、なぜニーズが満たされていないのか、この課題が存在する背景は何かを考えます。この際に活用するのが、氷山モデルです。

「誰のどんなニーズが満たされていないのか」「それはなぜか」が明らかになったら、次は解決すべき課題を改めて定義します。

課題の定義：どのような課題に取り組むのか

目標を達成するために尽力する人材を大切にしつつ、新規事業の創出や新しい取り組みにチャレンジする人材を増やすことに取り組む。

▼変化の仮説を描く

課題を定義したら、再びループ図に戻ります。

ループ図を眺め、対話を通して「なぜ、現在のシステムでは、主体的に考え行動（チャレンジ）する人材が増えないのか」を確認します。

現在のシステムでは、目標管理と目標達成の関係が自己強化型ループになっており、強力に機能しています。また、オンラインで行われる上司と部下のコミュニケーションは目標管理が中心で、自ら考え行動（チャレンジ）することが期待されていると

図5-06　課題の定義

課題の定義：どのような課題に取り組むのか

目標を達成するために尽力する人材を大切にしつつ、新規事業の創出や新しい取り組みにチャレンジする人材を増やすことに取り組む。

誰のどのようなニーズなのかを明らかにする

誰の課題なのか

経営陣の課題

どのようなニーズが満たされていないことが課題なのか

自ら考え行動（チャレンジ）する社員が増えることで、新規事業の創出を実現すること。

システム思考で課題を分析する

なぜ、ニーズが満たされていないのか この課題が存在する背景はなにか

氷山モデル（301ページ）参照

いう経営のメッセージは、メンバーに届いていないこともわかりました。

現在のシステムでは、自ら考え行動（チャレンジ）する人は増えそうにありません。新しい何かを、このシステムに加える必要があります。

そこで、**個別の打ち手を考える前に、変化の仮説を考えます**。変化の仮説は、自ら考え行動（チャレンジ）する人が増えないシステムを、自ら考え行動（チャレンジ）する人が増えるシステムに変えるための**大局的な流れ**を示します。

「言われたことは責任を持って遂行する人」を増産する現在のシステムを変えるためには、上司の部下への関わりが変わり、チャレンジする機会が増え、同時に、失敗を許容する文化が必要ではないかと考えました。

そのため、この事例では、変化の仮説の要素に、以下の3つを選びました。

- 部下の主体性を引き出す上司が増えること
- メンバーが主体性を発揮する機会（チャレンジによる成功体験）を増やすこと
- チャレンジを奨励し、失敗を許容する文化が醸成されること

図5-07　変化の仮説

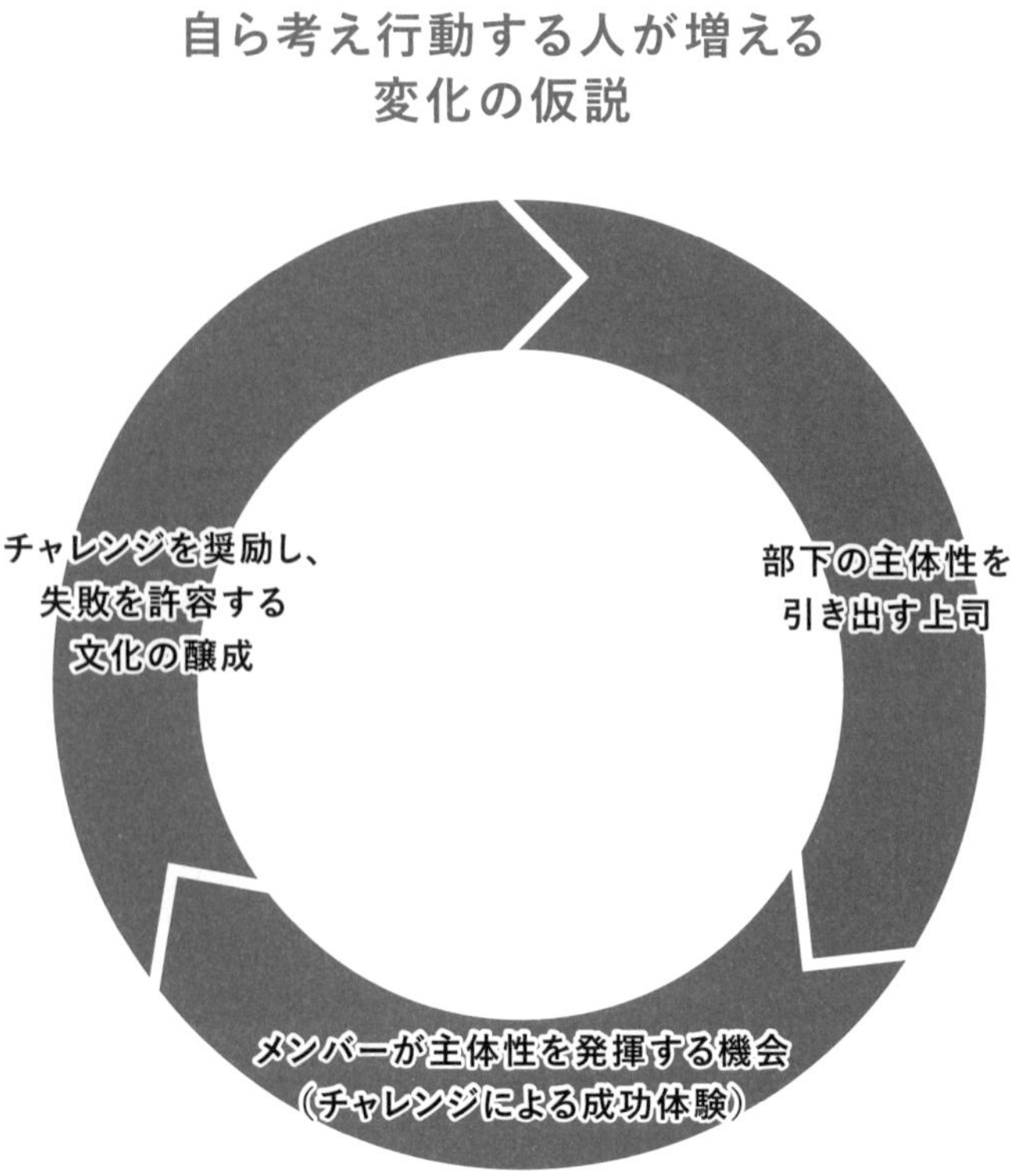

POINT
個別の打ち手を考える前に
システムを変えるための大局的な流れを考える

この変化の仮説の3つの要素が、自己強化型ループになれば、変化を確実に起こすことができます。多くの場合、要素の一つだけに注力することがありますが、それだけではシステム全体に影響が及ばず、成果が出ないことがあります。

ToCの正解は、一つではありません。今から紹介するToCは、一つの事例と捉えてください。

▼打ち手のロジックモデルを考える

次は、変化の仮説に基づき、打ち手を考え、ToCを描きます。ロジックモデルは、ToCを、インプット、活動、アウトプット、アウトカムの4つの視点で、表現したものです。ここでは、変化の仮説に基づき、1on1と新規事業コンテストを導入する事例で、ロジックモデルの活用方法を紹介します。

■1 リソースのインプット

ロジックモデルの最初のステップでは、投下するリソースについて考えます。時間や人、もの、金などの観点から、投下するリソースを明らかにします。

■事務局体制と人員（企画、推進、フォローアップ）

■1on1導入予算（研修等の費用）

■新規事業コンテスト導入予算（コンテスト優勝者の事業開発支援費）

■2 活動（アクティビティ）

次に、主たる活動について考えます。リソースを投下して、何をやろうとしているのかを明らかにします。

■1on1導入の準備

■1on1導入研修の実施

■新規事業コンテスト導入の準備

■新規事業コンテストの実施

■新規事業開発支援の実施

■新規事業オンライン講座の開講

3 結果（アウトプット）

主たる活動の結果、何を得られるのかを明らかにします。

- 上司と部下の目標管理以外のコミュニケーション
- 新規事業へのチャレンジを奨励する文化の醸成
- 新規事業開発にチャレンジする社員
- 新規事業開発スキルの向上

結果についてKPIを定義することも、ロジックモデルに欠かせない特徴です。

- 1on1を実践している上司の比率：100％
- 1on1の実施頻度：週1または月1〜2（部下の数によってKPIを変更）
- 上司と部下の満足度　アンケート結果：平均4・3／5・0
- 新規事業コンテスト　初年度応募者数：30名
- 新規事業オンライン講座　受講者数：300名

成果（アウトカム）＝インパクト

アウトプットの結果がもたらすインパクトは何か

短期	中期	長期
日頃の上司のコミュニケーションから指示命令が減る 部下から上司への提案・発言が増える 新規事業開発コンテスト、新規事業勉強会参加者が増える	日頃の上司のコミュニケーションにも、1on1の同様に対話が主流になる 部下の自ら考え行動し、成果を出す力が高まる 新規事業の取り組みが始まる	上司と部下のコミュニケーションが、部下の成長やエンゲージメントによい効果をもたらす 自ら考え行動（チャレンジ）する人材が育つ組織になる 新規事業の成功事例が現れる
アンケート調査 ● 部下の満足度【4.5／5.0】 ● 上司のコミュニケーションの変化【4.3／5.0】 ● 部下の言動の変化【4.2／5.0】 **新規事業** ● 新規事業コンテスト応募者の数【50名】 ● 新規事業勉強会 参加者【500名】 ● 新規事業の立ち上げ【2件】	**アンケート調査** ● 部下／上司の満足度【4.8／5.0】 ● 上司のコミュニケーションの変化【4.8／5.0】 ● 部下の言動の変化【4.8／5.0】 **新規事業** ● 新規事業コンテスト応募者の数【80名】 ● 新規事業の立ち上げ【10件】	● 新規事業にチャレンジできることを入社希望の理由とする人が多数【90％】 ● 組織風土改革、1on1の好事例としてしての取材多数【120件】 ● エンゲージメントサーベイの良好な結果【4.8／5.0】 ● 売上におけるイノベーションの比率【30％】

図5-08 ロジックモデル

インプット	活動（アクティビティ）	結果（アウトプット）
何を投下するのか（人・もの・金等）	具体的なアクションは何か	アクションの結果、直接得られる結果は何か
● 事務局体制と人員（企画、推進、フォローアップ） ● 1on1導入予算（研修等の費用） ● 新規事業コンテスト導入予算（コンテスト優勝者の事業開発支援費）	● 1on1導入の準備 ● 1on1導入研修の実施 ● 新規事業コンテスト導入の準備 ● 新規事業コンテストの実施 ● 新規事業開発支援の実施 ● 新規事業オンライン講座の開講	● 上司と部下の目標管理以外のコミュニケーション ● 新規事業へのチャレンジを奨励する文化の醸成 ● 新規事業開発にチャレンジする社員 ● 新規事業開発スキルの向上 **1on1実践状況** ● 実践している上司の比率【100%】 ● 実施頻度【週1、月1~2】 ● 1on1満足度アンケート結果【4.3/5.0】 **新規事業** ● 新規事業コンテスト応募者の数【30名】 ● オンライン講座受講者数【300名】

ロジックモデルは、中長期的な変化を創造するために活用するツールなので、最初に投下するリソースとアクションがもたらす結果のみならず、その後の変化も追跡していきます。そのために、アウトカム（成果）については、短期、中期、長期でKPIを設定して取り組みます。ここで注意すべきなのは、アウトプットとアウトカムは異なる点です。

行動や、活動のアウトプット（結果）は大切ですが、実際にそれがアウトカム（成果）に結びついているかは検証が必要です。行動を起こしているのに成果が出ない場合には、アウトプットとアウトカムの接続に問題があります。

ロジックモデルは、不確実性を含んだものなので、実際のアクションとその結果をリフレクションし、ロジックモデルそのものもアップデートさせながら、得たい結果に辿り着くことを目指します。

このため、ToCを具現化する際にも、プロトタイプ同様に、やってみて、結果を見ながら軌道修正をしていくアプローチを採ります。

他者を巻き込み変化を起こす

変化を起こす過程でも、システム思考は役立ちます。変化を推進する際には、目的と要素と要素のつながりを捉えながら、要素に働きかけ、全体に変化をもたらす様子を観察し、システムに起きている事実に意識を向けましょう。システムに起きている現実（事実）は、すべてを一人で見ることも、体験することもできません。システムを把握するために、多様なレンズを活かす対話を実践してください。

システムに起きる変化を捉える際には、原因と結果の時間のズレにも注意を払う必要があります。すぐに成果につながらないからといって、次々と打ち手を変えてしまうと、いつまで経っても良い成果が得られないことになります。

また、巻き込まれている人たちも、どうせまた違うことをやらされるのだから、本気でやらなくても大丈夫だというメンタルモデルが形成され、誰も本気で取り組まなくなってしまいます。

ToCは、一度書いて終わりではなく、常にアップデートしていきます。やってみて、わかったことを元に、自分の仮説のどこが正しくて、どこが間違っているのかを仕分けることで、仮説の質が向上していきます。**成果が上がらないのは、何かを見逃しているからです。**

アップデートをする過程では、リフレクションと対話が欠かせません。物事がうまくいかない場面で対立や疑問が生まれたら、認知の4点セットでお互いの意見を分析してみてください。思いがけない発見があるはずです。

ロジックモデルについて更に詳しく知りたい方は、内閣府の「社会的インパクト評価の普及促進に関わる調査報告書」を参考にしてください。NPOや社会事業向けの調査内容ですが、ロジックモデルに関する丁寧な説明がなされています。

変容のスキルを磨く

厄介な問題解決がうまく行かない最大の理由は、変容の失敗によるものです。

厄介な問題解決を望む多くの人は、そのために必要な変化は、自分の外で起きるものと捉えています。しかし、誰もが、他責でいる間は、問題が解決されることはないでしょう。

ここでは、周囲を変えるために、自分を変える方法について、あるいは自分を変えることで周囲を変えるという考え方についてお伝えします。

ここまでの問題解決のプロセスの中でも、対話の基礎力を実践することで、学習と変容は起きています。

しかし、問題解決が、自分の過去の成功体験を手放すようなテーマの場合、変容は簡単なことではありません。そこで、変容力を高めるために、アンラーンのスキルを磨くことをおすすめします。

77ページでも紹介した通り、アンラーンとは、「学びほぐし」とも言われ、過去の経験を通して形成されたものの見方や行動様式を手放すことです。

ここからは、アンラーンのステップを紹介します。記入用紙をダウンロードし、実践を通してアンラーンのスキルを磨いていきましょう。

▼ステップ1：過去の学びのメタ認知

アンラーンの最初のステップは、過去の学びのメタ認知です。どのような経験を通して、どのようなものの見方を形成しているのかを俯瞰するために、認知の4点セットを活用します。

このメタ認知が重要なのは、過去の経験と、その経験を通して形成されたものの見方を切り離す準備になるからです。これまでの成功体験を大切に保存し、ものの見方だけを手放すことが、アンラーンです。多くの人が、過去の成功体験を全否定することをアンラーンと捉えていますが、これは、誤解であることを知っておいてください。

▼ステップ2：アンラーンの可能性を想像

次に、新たに手に入れる必要があるものの見方について考えます。

この際にも、認知の4点セットを使って未来の姿を想像します。**アンラーンが必要かもしれないと思った経験を振り返ると、**改めて、なんとなく「このままではうまくいかない」と気づいている自分がいることがわかります。この経験を丁寧に振り返ると、新たに手に入れる必要があるものの見方が明らかになります。

▼ステップ3：恐れの感情のメタ認知

その次に行うのが、恐れの感情のメタ認知です。感情のメタ認知が大切な理由は、**恐れの感情こそが、アンラーンの最も大きな阻害要因だからです。**

過去の経験を通して形成されたものの見方や行動様式を手放すことは、誰にとっても楽しいことではありません。拠り所を失うことで、物事がうまくいかなくなることが心配になるのは、自然なことです。

恐れの感情は、メタ認知することで初めて、制御することができるので、いきなり手放すのではなく、まずはこれまでの自分を称賛し、受け入れ、そして手放す準備をします。しかし、この段階ではまだ、踏ん切りがつかないはずです。

▼ステップ4：ビジョン形成

そこで大切なのが、ビジョンの形成です。アンラーンを行う理由は、幸せになるためです。アンラーンすることが幸せにつながらなければ、アンラーンなど行う必要がありません。新しいものの見方を手に入れることで問題が解決し、明るい未来が待っているのなら、アンラーンにも価値があります。

アンラーンには、主体性が欠かせません。恐れの感情を伴うアンラーンよりも、現状維持に対する欲求のほうが強くなるからです。誰かに命令されても、自分ごとにしない限り、アンラーンは実現しません。**「自分が幸せになるために、アンラーンに取り組む」という決断をしなければ、アンラーンを実現することは難しいです。**

生命の危機ともなると、人間は瞬時にアンラーンを行うことができますが、多くの場合、アンラーンが必要なテーマについては、今この瞬間では危機ではありません。しかし、もし将来の危機を予測しているなら、取り返しがつかなくなる前に、アンラーンを決断することが必要です。

次のような問いをもとにリフレクションをして、アンラーンに取り組む心の準備をしましょう。

- アンラーンすることで得られるもの（メリット）は何ですか？
- アンラーンしないことで失うもの（デメリット）は何ですか？
- アンラーンに取り組むと、どんな良いこと（ビジョン）があるのでしょうか？
- あなたは何を手に入れる（ビジョン）ために、アンラーンに挑戦するのですか？

▼ステップ5：スモールステップの計画

ビジョンが明らかになると、アンラーンに取り組むことが自分ごとになります。そこで初めて、アクションに進むことができます。

多くの人たちが、アンラーンを一気に終わらせようとします。しかし、ものの見方は無意識に現れるものなので、そう簡単に手放すことはできません。そこで、スモールステップで、少しずつ、確実に、変容を進めていくことが大切です。

変容を進める過程で気を抜くと、現状復帰の力のほうが大きいため、アンラーンの努力は水の泡になってしまいます。粘り強く継続する力と、本気度が試されます。

スモールステップの計画は、次のような問いをもとに整理してみましょう。

■最初のステップとして、何に取り組みますか？
■最初のステップにおける成功の評価軸は何ですか？
■いつ、最初のステップのリフレクションを行いますか？
■どのような自己変容が起きることが、最終ゴールでしょうか？

▼ステップ6：リフレクション

スモールステップの計画を実践したら、成功の評価軸に照らして、「経験から学ぶリフレクション」を行いましょう。

最初は「意識すればできるようになる」ことがゴールです。最終ゴールは、「無意識にできるようになる」ことです。無意識にできるようになるまで、スモールステップの計画の実践とリフレクションを繰り返してください。

一つのテーマでアンラーンを成功させることができれば、次からのアンラーンはより簡単になります。ぜひ、アンラーンの成功体験を積み、恐れずに、自分を理想の姿に変えていってください。

ブレイクスルーは対話から生まれる

第5章では、氷山モデルとチェンジ理論を活用し、厄介な問題を解決し、ありたい未来を自分たちの手で創り出す実践方法を紹介しました。

厄介な問題解決では、課題設定にも、課題解決にも、他者の協力が必要です。

このため、対話力は、コミュニケーションの手段ではなく、問題解決の手段であると言えます。

ステップ3　恐れの感情のメタ認知

過去の学びを手放すことや、新しいものの見方を手に入れることに対する恐れの感情をメタ認知し、制御するための心の準備をします。

ステップ4　ビジョン形成

アンラーンを自分ごと化できるように、自分のビジョンを明確にします。

・アンラーンすることで得られるもの（メリット）は何ですか？
・アンラーンしないことで失うもの（デメリット）は何ですか？
・アンラーンに取り組むと、どんな良いこと（ビジョン）があるのでしょうか？
・何を手に入れる（ビジョン）ために、アンラーンに挑戦するのですか？

ステップ5　スモールステップの計画

ビジョンを実現するために、少しずつ、確実に、変容を進められるような計画（スモールステップ）を立てます。

・最初のステップとして、何に取り組みますか？
・最初のステップにおける成功の評価軸は何ですか？
・いつ、最初のステップのリフレクションを行いますか？
・どのような自己変容が起きることが、最終ゴールでしょうか？

ステップ6　リフレクション

計画を実行に移したら、「経験から学ぶリフレクション」（100ページ）を行います。無意識にできるようになるまで、実践とリフレクションを繰り返しましょう。

図5-09 変容のスキルを磨く

アンラーンのステップ

過去の成功体験を手放し、新たな価値観を
手に入れる「変容」のスキルを磨きましょう

ステップ1 過去の学びのメタ認知

過去の学びをリフレクションし、「過去の経験」と「その経験を通して形成されたものの見方」を切り離す準備をします。

意見	アンラーンが必要かもしれない「ものの見方/行動様式」（これまでのやり方では、成果・結果を出せないと感じること）はありますか？
経験	その「ものの見方/行動様式」に関連する過去の経験（知っていることも含む）は何ですか？
感情	その経験には、どのような感情が紐付いていますか？
価値観	そこから見えてくるあなたが大切にしている価値観は何ですか？

ステップ2 アンラーンの可能性を想像

「新たなものの見方を手に入れよう」と
考えるきっかけになった経験を振り返ります。

意見	アンラーンが必要かもしれない「ものの見方/行動様式」をどう変えてみますか？
経験	その「ものの見方/行動様式」に関連する過去の経験（知っていることも含む）は何ですか？
感情	その経験には、どのような感情が紐付いていますか？
価値観	そこから見えてくるあなたが大切にしている価値観は何ですか？

氷山モデルも、ToCも、一人で描くことはできません。みんなで一緒に、対話を通して、氷山モデルやToCを描くことが、問題の全容に対する関係者の理解を一致させることにつながります。

それは同時に、問題解決のためのビジョン形成のプロセスでもあります。問題の本質を理解した仲間が、ありたい姿を共有することで、初めて、問題解決のための共創が可能になります。

厄介な問題とは、無縁だと思っている人も多いかもしれません。

しかし、前例のない時代になり、自分に与えられたミッションを遂行する際に、「ありたい姿と現状のギャップを埋めるための道筋が見えない」と感じることは増えているのではないでしょうか。

このようなときには、対話の基礎力を実践し、氷山モデルやToCを活用してみてください。問題の全容を捉え、システムに正しく介入することができれば、必ず、ありたい姿を実現することができます。

5章のポイント

- 一生懸命取り組んでいても成果が上がらない厄介な問題には、大局の流れを読み、全体像を把握しながら働きかける「システム思考」のアプローチが有効である。

- 問題の全容を捉える「氷山モデル」では、目に見えない時系列の変化、構造やシステム、関係者のメンタルモデルなどを対話によって明らかにしていく。

- 氷山モデルで課題の全容が明らかになったら、「セオリー・オブ・チェンジ」のアプローチで変化の仮説を考え、打ち手を具体的に設定していく。考えて終わりではなく、結果をリフレクションしながらセオリーをアップデートして、システムに変化を起こす。

- 厄介な問題解決は人々に変容を求めるので、問題解決が進まないときには、自分のメンタルモデルにも注意を払う。過去の経験を通して形成されたものの見方や行動様式を手放す「アンラーン」のスキルを磨くことで、厄介な問題を解決する力を養うことができる。

おわりに

変化が激しく、前例が通用しない今日、誰もが自らをアップデートし続けることが必要になっています。本書は、対話をコミュニケーションの手段としてではなく、新たな価値や解決策を生み出す「創造活動」の手段と捉え、対話のスキルをアップデートすることを提案しました。日常のあらゆる場面で求められる対話の基礎力を応用することで、複雑な問題解決や社会にとって重要な方針転換ができるようになります。

フラットな組織になじみのある人にとって、対話は身近な存在でしょう。しかし、ヒエラルキー組織で活躍してきたリーダーには、アンラーン（学びほぐし）が必要なスキルかもしれません。

前例を踏襲することで成功を手にしてきた時代には、軍隊のように高い同質性を持つ集団の行動力こそが、組織を成功に導きました。しかし、この成功法則は、前例のない、答えのない時代には通用しないのです。これからの組織には、対話を通じて他者を理解し、社会を理解し、そして世界を理解することが欠かせません。これまでの定石やわかりやすいスローガンが持つ安心感を手放して、流動的な社会の中で、一人ひとりがあらゆる他者と対話しながら、意思決定する必要があるのです。

▼気合いでは乗り切れない

かつて行動力が鍵を握った時代には、「もっと頑張る」「もっと時間をかける」というアプローチが成果に直結していました。「気合い」があれば乗り切れたのです。しかし今日では、問題を決めつけてリソースを投下する前に、「そもそも、それって必要なの？」と目的や存在理由に立ち返り、自己を客観的・批判的に見つめる必要があります。「本当に求められているものは何か」という問いを持って、他者や社会と謙虚に向き合うプロセスなしに、新しい価値を創造することはできないのです。

根性や我慢では、今の日本社会が直面している問題を解決できないことを、私たちは受け入れなければなりません。

▼全体が部分の総和に劣るのはなぜか

一人ひとりはとても優秀なのに、集団になると、なぜこんなに生産性が下がるのでしょうか。これは、本著を書くきっかけになった問いです。

変化が激しく問題が複雑に絡みあう現代は、一人の人間が既知の知識やものの見方を使って答えが出せるほど簡単な時代ではありません。一人の頭で考えて、自己完結できる課題解決はごくわずかです。世界的な企業や研究機関が、世界中から多様なバックグラウンドの人材獲得に熱を上げていることも、「一人の天才」から集合知へのパラダイムの転換を示しています。しかし日本では、大学も省庁も、企業も地域も、多様性を融合するために必要な対話力を持ち合わせていません。

『ビジョナリーカンパニー2 飛躍の法則』（日経BP）の著者であるビル・コリンズは、著書の中で「真のビジョナリー・カンパニーは、最も厳しい現実を直視し、その結果としてビジョンを形成する」と説きます。しかし、ヒエラルキー組織（社会）では、課題は批判や責任の対象となるため、過去は封印される傾向があります。「率直な意見が聞きたい」と偉い人が発言しても、メンバーが様子を伺いながら小出しにコメントするような場所では、対話はできません。

メンバーの心理的安全性を担保し、フラットな対話を作り出すのは、組織のリーダーの責任です。わかっている厳しい現実も、普段見えていない新たな可能性も、自分たちの不安な感情さえも、ありのままに提示する勇気をリーダーが見せなければ、空気を読んだ無意味な会議になるだけです。

問題を直視するためのリフレクションを安心して行えない組織では、本当の意味でビジョンは共有できません。現実も問題認識も共有された状態で、ビジョンは共有され、浸透します。この共有を生むものこそが、対話なのです。

組織内でビジョンの実現に熱量が足りないと感じたら、それはメンバーの熱量の問題ではなく、そもそもビジョンが共有されていない可能性を疑うべきでしょう。

ほとんどの人は対話の場で、他者との意見の共通点を探し、異なる意見は口にせず、調和を保つことを心がけます。私も、以前はそうでした。しかし、オランダのシチズンシップ教育であるピースフルスクールに触れ、対話に対する見方が大きく変わりました。オランダでは、4歳から対話の練習をします。子どもたちは、対立はよいことだと教わります。異なる意見が存在することが、多様な人々が共生する健全な社会の証だからです。子どもたちは、他者の意見に対して「賛成」「反対」「わからない」のいずれかを表明する責任を持ち、友達と意見が対立したときには話し合いで解決するスキルを磨きます。喧嘩でも譲歩でもなく、話し合うことが大切だと説くオランダの教育に、私は衝撃を受けました。4歳児がマスターできる対話を、私たち大人ができないはずはありません。対話を難しくしているのは、私たちの思い込みや経験なのかもしれません。

▼結果につながらないアクションたち

目に見える事象をそのまま問題と捉え、水面下の氷山の存在に気づかないまま、解決策を講じている様子をよく見かけます。様々な手を打っても状況が打開されず、そのまま組織が疲弊していき、方向性も見えない……。このような状況に陥ってしまっているとしたら、目の前の問題がそれほど複雑ではないと感じていても、自分の問題の捉え方を疑ったほうがよいかもしれません。システムの存在を感じ取る力は、直面する問題の構造を理解する第一歩です。

根本原因に働きかけるには、アクションを起こす前に幅広いステークホルダーと対話を重ね、仮説をアップデートしながら試行錯誤していく時間が必要です。計画の緻密さや実行の精度よりも、仮説検証を高速で回して、失敗からの学習を最大化するほうがはるかに重要です。仮説検証フェーズでの失敗は、学習のためのフィードバックであり、アイデアの成否とは一致しないことも、忘れてはなりません。広い意味では、仮説を持って小さな検証を繰り返すアジャイル的な試行錯誤のプロセスも、社会や市場、組織、顧客との一種の対話であると言えるかもしれません。

▼「理不尽」からシステムが見える

本書では、システム思考の大切さを説いてきました。理不尽に直面したときこそ、システムに目を向けてみましょう。

現場は「こんな結果では報告できない」とプレッシャーを感じながら、「そもそもこんなやり方では結果は出ない」と思って疲弊していく。あるいは、少しでも努力を見せようと、本質的にはあまり意味のない表面的な施策を重ねてしまう。大企業のエリート社員たちが、本社へのレポーティングのための「内向きの仕事」に奔走する話は、ビジネススクールでも議論される世界共通の現象です。現場で行われている仕事のうち、本当の意味で問題に向き合っているのはどれくらいでしょうか？

一方で経営陣は、計画を実行することでしか成果が上がらないと思い込み、計画を忠実に実行することを現場に期待します。小さく始めて大きく育てるアジャイル的な仕事の仕方は、不確実性を伴うあらゆる問題解決に役に立つアプローチです。しかし今でも、多くの組織では、リスクを洗い出し、関係者の意見を調整しながら、大掛かりで緻密な計画を策定して、ようやく実行の承認を得るプロセスが採用されています。最初は問題の解決に心を砕いていた担当者も、次第に計画の承認や社内での評価ばかり気にするようになっていく、という悪循環です。成果よりも計画を優先する組織に、未来はあるのでしょうか？

このありふれた苦労話が、実はシステムになっていることにお気づきでしょうか。同じ「成果」を求めているはずなのに、現場は経営陣から求められた「努力」に必死になるあまりアイディアを生み出す余裕がなく、経営陣は自分の想像力の枠組みを出ないままで、現場からも大したアイディアは出ず、結局努力を求め続ける。成果がないまま現場と経営陣が互いに失望していく、強化ループが回っています。

変革の現場で、「きれいごとだけでは、変わらない」という声を耳にすることがあります。そういう場面でこそ、「何がきれいじゃないのか」をメタ認知してみてください。思いがけないシステムの罠やメンタルモデルが浮かび上がってくるかもしれません。そこには、立場という垣根を越えて、対話し内省する機会があるはずです。問題の前では、誰もが平等です。

この問題は、企業だけではなく、政府にも共通です。企業や社会の変革とイノベーションを願う政府は、ダイバーシティ経営やデザイン経営、パーパス経営と次々と新しいコンセプトを打ち出してきました。第4次産業革命は、いつの間にかソサエティ

5・0に変わりました。これらのコンセプトは、変革やイノベーションが起きにくい日本社会のある側面を捉える大切な提案です。しかし実際には、国家戦略といいながら、特定のステークホルダーの意見だけ参考にしたり、関係諸官庁の間で政策が矛盾していたりするケースもめずらしくありません。誰もが国民の幸福と社会の発展を目指しているのに、なぜか対話が生まれない。システムの難しさは、ここにもありそうです。

政策の受け手となる産業界にも問題はあります。流行りのテーマを見た経営者が「これからは〜が大事だ」と宣言して、担当者が慌ててテーマに合った企画を展開し始める、という状況に接したことのある人もいらっしゃるのではないでしょうか。

政府の持つ社会との幅広い接点を活かすのであれば、流行り言葉を矢継ぎ早に打ち出すよりも、選りすぐりの一貫した世界観を提示するほうが、産業界の受け取り方も地に足についたものになるのではないでしょうか。そのためにも、省庁が組織の壁を超えて、国を一つのシステムとして捉えて、システムに介入するために連携する必要があります。このときに利害や専門領域を超えた連携をもたらすのも、対話です。

世代を超えた対話が未来を創る

ＯＥＣＤ（経済協力開発機構）が、30年近くの歳月をかけて作り上げた「学びの羅針盤２０３０」は、その教育指針の中で、ＶＵＣＡ時代に生きるすべての人々が幸せに生きるための力を定義しています。その前提には、「若者が未来を創る」という考え方があります。今、私たちが直面している問題の多くは、過去の活動が生み出した問題です。このため、問題を生み出した大人よりも、若者のものの見方を活かすほうが、問題解決の可能性が高まると考えられています。

経験は、過去の失敗から学んでよりよい未来を作る土台にもなる一方、新しい未来を実現する壁にもなります。世代を超えた対話の有無に、社会が変われるかどうかがかかっているのです。よりよい社会を実現するために、自分の意見と反対する人にどう接したらよいのか、「他者を変えるために自分を変える」とはどういうことなのか、あらゆる世代の人にとって、本書にはヒントがあるはずです。

私は、15年前から、文科省や教育委員会、校長先生、先生、保護者、生徒、学生など、多様な関係者との対話を続けています。何が教育の問題なのか、その根本原因がわからなかったからです。対話を通して明らかになった重要な事実は、「誰もが子どもたちのために一生懸命である」ということです。このとき初めて、「問題は人ではなく、システムである」と気づきました。

まず始めたのは、現場とシステムを行き来することでした。子どもの貧困問題に向き合うNPO法人ラーニング・フォー・オール（LFA）の活動に参画し、学習支援の現場から、すべての子どもたちが幸せに生きる社会を実現する教育について考えてきました。LFAの活動を通して、真面目に学校に通っているのに九九ができない学力で小学校を卒業し、10代で自分を諦めてしまう子どもたちの存在を知りました。この背景にも、個人のモチベーションや家庭環境を超えた、システムの存在があります。また、教育をシステムとして直接的に捉える試みとして「未来教育会議」を発足し、教育と社会の未来シナリオを描きました（レポートはこちらからダウンロードできます。https://miraikk.jp/cat-01/3416）。

教育をシステムと捉えて多様な関係者が協働し、すべての子どもたちの学力を保障する教育を実現するための問題解決に取り組むうえで、対話は欠くことのできないプロセスです。教育は本来、世代から世代へと知識や経験を伝え、次世代をはぐくむためのものですが、もし、教育の主役が子どもたちであるとしたら、大人たちこそ、子どもたちに対話を申し込まねばならないのかもしれません。

▼対話が未来を創る

変われないというのは、幻想です。

対話を通じて、自分も、チームも、組織も、社会も、変化することができる。これが本書のメッセージでした。同時に、変化は誰にとっても快いものとは限りません。変化をけん引する人には、未来への興奮があり、自分は正しいという確信があるでしょう。しかし、変化の受け入れを自分の経験や人生が否定されているように感じたり、将来に不安を覚えたり、なぜか納得がいかないと思ったりする人も出てきます。

30年近く企業や教育の変革に取り組んできた中で、同じ願いを持つ人々が、変化に伴うもどかしさを互いにぶつけ合う光景に、胸を痛めた経験が何度となくありました。当事者として、自分が失敗してしまったことも数え切れません。

誰もが変化を起こす側にも、変化に直面する側にも立つことになるからこそ、対話が大切な架け橋になります。変化を起こす側は、反対を切り捨てるのではなく、認知の4点セットでどこに引っ掛かりがあるのかを聴いてみましょう。変化に抵抗を感じた人は、どうして自分は抵抗を感じているのか自分の気持ちをメタ認知しながら、認知の4点セットを使って、変化を起こす人たちに伝えてみましょう。認知の4点セットは、難しい感情を含む対話をするための、共通言語になるはずです。

また、変化には時間がかかるということも、改めて書き添えておきたいと思います。力による強制的な変化は、短期の効果こそあれ、文化レベルでの本質的な変化とはその意義を異にします。

本書では、問題の中にシステムを見出し、実験したり他者を巻き込んだりしながら、重くて大きな構造を動かすために対話を役立てる方法を紹介しました。目の前の問題に向き合いながら、年単位、数十年単位で未来を見つめ、目線を合わせ、望ましい社会を共創していくプロセスで、対話は不可欠な武器となります。早く状況を理解したい、解決策にたどり着きたいという衝動に流されずに、じっくりと他者の声に耳を傾け、ありのままに現実を捉える長期の取り組みが価値を持つのです。

近くに行くならひとりで行け、遠くに行くならみんなで話せ。

未来を直視するのは、不安かもしれません。ですが、不安だからと立ち止まっていては、前には進めません。未来は他者と対話し認知する者にのみ、創り出せるのです。

最後に、本書の執筆に併走してくださった笹原風花さんとディスカヴァー編集部の安永姫菜さん、そして、とことん対話に付き合ってくれた息子の智伸に、感謝を伝えたいと思います。

ここまで読んでくださった皆様にも、心より感謝申し上げます。

対話は、認知の限界を超えて幸せな未来を実現する道具です。ぜひ、本書で学んだ知識を身近な人と実践し、よりよい未来を実現してください。

参考文献・WEBサイト

- **『リフレクション　自分とチームの成長を加速させる内省の技術』**
  熊平美香　ディスカヴァー・トゥエンティワン　2020
- **『学習する組織――システム思考で未来を創造する』**
  ピーター・M・センゲ　枝廣淳子（訳）　小田理一郎（訳）　中小路佳代子（訳）
- **『HELLO, DESIGN 日本人とデザイン』**
  石川俊祐　幻冬舎　2019
- **『ビジョナリー・カンパニー2 飛躍の法則』**
  ジム・コリンズ　山岡洋一（訳）　日経BP　2001
- **チェンジ・エージェント**
  https://www.change-agent.jp/
- **デザイン思考研究所**
  https://designthinking.eireneuniversity.org/
- **内閣府　社会的インパクト評価の普及促進に関わる調査報告書**
  https://www.npo-homepage.go.jp/toukei/sonota-chousa/social-impact-sokushin-chousa?fbclid＝IwAR0w3d7YMqkagOD7ZLEy_uO4ZmsrNaXDdJFCsVpzzTZscd_qS_L3Zh7tdko

ダイアローグ
価値を生み出す組織に変わる対話の技術

発行日　2023年2月17日　第1刷

Author　熊平美香
Book Designer　山之口正和＋齋藤友貴（OKIKATA）［カバー・本文］
小林祐司［図版］

Publication　株式会社ディスカヴァー・トゥエンティワン
〒102-0093　東京都千代田区平河町2-16-1 平河町森タワー11F
TEL　03-3237-8321（代表）03-3237-8345（営業）
FAX　03-3237-8323
https://d21.co.jp/

Publisher　谷口奈緒美
Editor　安永姫菜（編集協力：笹原風花）

Marketing Solution Company
小田孝文　蛯原昇　谷本健　飯田智樹　早水真吾　古矢薫　堀部直人　山中麻吏　佐藤昌幸　青木翔平　磯部隆　井筒浩　小田木もも　工藤奈津子　佐藤淳基　庄司知世　副島杏南　滝口景太郎　竹内大貴　津野主揮　野村美空　野村美紀　廣内悠理　松ノ下直輝　南健一　八木眸　安永智洋　山田諭志　高原未来子　藤井かおり　藤井多穂子　井澤徳子　伊藤香　伊藤由美　小山怜那　葛目美枝子　鈴木洋子　畑野衣見　町田加奈子　宮崎陽子

Digital Publishing Company
大山聡子　川島理　藤田浩芳　大竹朝子　中島俊平　小関勝則　千葉正幸　原典宏　青木涼馬　伊東佑真　榎本明日香　王廳　大﨑双葉　大田原恵美　佐藤サラ圭　志摩麻衣　杉田彰子　舘瑞恵　田山礼真　中西花　西川なつか　野﨑竜海　野中保奈美　橋本莉奈　林秀樹　星野悠果　牧野類　三谷祐一　宮田有利子　三輪真也　村尾純司　元木優子　足立由実　小石亜季　中澤泰宏　森遊机　石橋佐知子　蛯原華恵　千葉潤子

TECH Company
大星多聞　森谷真一　馮東平　宇賀神実　小野航平　林秀規　福田章平

Headquarters
塩川和真　井上竜之介　奥田千晶　久保裕子　田中亜紀　福永友紀　池田望　石光まゆ子　齋藤朋子　俵敬子　宮下祥子　丸山香織　阿知波淳平　近江花渚　仙田彩花

Proofreader　文字工房燦光
DTP　株式会社RUHIA
Printing　大日本印刷株式会社

ISBN978-4-7993-2908-5

最後までお読みいただき、ありがとうございます。
本書を通して、何か発見はありましたか？
ぜひ、感想をお聞かせください。

いただいた感想は、著者と編集者が拝読します。

また、ご感想をくださった方には、お得な特典をお届けします。